CONTRADIÇÕES DA HORIZONTALIDADE
UMA ANÁLISE DO MO(VI)MENTO *OCCUPY WALL STREET* E DA INSURGÊNCIA NO CENTRO DO CAPITALISMO GLOBAL

Editora Appris Ltda.
1.ª Edição - Copyright© 2025 da autora
Direitos de Edição Reservados à Editora Appris Ltda.

Nenhuma parte desta obra poderá ser utilizada indevidamente, sem estar de acordo com a Lei nº 9.610/98. Se incorreções forem encontradas, serão de exclusiva responsabilidade de seus organizadores. Foi realizado o Depósito Legal na Fundação Biblioteca Nacional, de acordo com as Leis nos 10.994, de 14/12/2004, e 12.192, de 14/01/2010.

Catalogação na Fonte
Elaborado por: Dayanne Leal Souza
Bibliotecária CRB 9/2162

S586c 2025	Silva, Nara Roberta Contradições da horizontalidade: uma análise de mo(vi)mento Occupy Wall Street e da insurgência no centro do capitalismo global / Nara Roberta Silva. – 1. ed. – Curitiba: Appris, 2025. 159 p. : il. ; 21 cm. – (Coleção Ciências Sociais. Seção Sociologia). Inclui referências. ISBN 978-65-250-7244-9 1. Occupy. 2. Movimentos sociais. 3. Democracia. 4. Estados Unidos. I. Silva, Nara Roberta. II. Título. III. Série. <div align="right">CDD – 321.8</div>

Livro de acordo com a normalização técnica da ABNT

Appris editorial

Editora e Livraria Appris Ltda.
Av. Manoel Ribas, 2265 – Mercês
Curitiba/PR – CEP: 80810-002
Tel. (41) 3156 - 4731
www.editoraappris.com.br

Printed in Brazil
Impresso no Brasil

Nara Roberta Silva

CONTRADIÇÕES DA HORIZONTALIDADE
UMA ANÁLISE DO MO(VI)MENTO *OCCUPY WALL STREET* E
DA INSURGÊNCIA NO CENTRO DO CAPITALISMO GLOBAL

Appris
editora

Curitiba, PR
2025

FICHA TÉCNICA

EDITORIAL
Augusto Coelho
Sara C. de Andrade Coelho

COMITÊ EDITORIAL
Ana El Achkar (Universo/RJ)
Andréa Barbosa Gouveia (UFPR)
Antonio Evangelista de Souza Netto (PUC-SP)
Belinda Cunha (UFPB)
Délton Winter de Carvalho (FMP)
Edson da Silva (UFVJM)
Eliete Correia dos Santos (UEPB)
Erineu Foerste (Ufes)
Fabiano Santos (UERJ-IESP)
Francinete Fernandes de Sousa (UEPB)
Francisco Carlos Duarte (PUCPR)
Francisco de Assis (Fiam-Faam-SP-Brasil)
Gláucia Figueiredo (UNIPAMPA/ UDELAR)
Jacques de Lima Ferreira (UNOESC)
Jean Carlos Gonçalves (UFPR)
José Wálter Nunes (UnB)
Junia de Vilhena (PUC-RIO)

Lucas Mesquita (UNILA)
Márcia Gonçalves (Unitau)
Maria Aparecida Barbosa (USP)
Maria Margarida de Andrade (Umack)
Marilda A. Behrens (PUCPR)
Marília Andrade Torales Campos (UFPR)
Marli Caetano
Patrícia L. Torres (PUCPR)
Paula Costa Mosca Macedo (UNIFESP)
Ramon Blanco (UNILA)
Roberta Ecleide Kelly (NEPE)
Roque Ismael da Costa Güllich (UFFS)
Sergio Gomes (UFRJ)
Tiago Gagliano Pinto Alberto (PUCPR)
Toni Reis (UP)
Valdomiro de Oliveira (UFPR)

SUPERVISORA EDITORIAL
Renata C. Lopes

PRODUÇÃO EDITORIAL
Renata C. Lopes

REVISÃO
Ana Carolina de Carvalho Lacerda

DIAGRAMAÇÃO
Ana Beatriz Fonseca

CAPA
Daniela Baumguertner

REVISÃO DE PROVA
Jibril Keddeh

COMITÊ CIENTÍFICO DA COLEÇÃO CIÊNCIAS SOCIAIS

DIREÇÃO CIENTÍFICA
Fabiano Santos (UERJ-IESP)

CONSULTORES
Alícia Ferreira Gonçalves (UFPB)
Artur Perrusi (UFPB)
Carlos Xavier de Azevedo Netto (UFPB)
Charles Pessanha (UFRJ)
Flávio Munhoz Sofiati (UFG)
Elisandro Pires Frigo (UFPR-Palotina)
Gabriel Augusto Miranda Setti (UnB)
Helcimara de Souza Telles (UFMG)
Iraneide Soares da Silva (UFC-UFPI)
João Feres Junior (Uerj)

Jordão Horta Nunes (UFG)
José Henrique Artigas de Godoy (UFPB)
Josilene Pinheiro Mariz (UFCG)
Leticia Andrade (UEMS)
Luiz Gonzaga Teixeira (USP)
Marcelo Almeida Peloggio (UFC)
Maurício Novaes Souza (IF Sudeste-MG)
Michelle Sato Frigo (UFPR-Palotina)
Revalino Freitas (UFG)
Simone Wolff (UEL)

Para quem ousou ocupar Wall Street, iniciando uma nova era.

AGRADECIMENTOS

Um livro que combina duas vidas tem a marca de muita gente – cabe aqui mencionar somente algumas delas.

Agradeço ao meu orientador, Jesus José Ranieri, que sempre me tratou como uma igual, e à professora Gilda F. Portugal Gouvea (*in memoriam*), entusiasta desta pesquisa. Também agradeço aos professores Ruth Milkman, Marc Edelman, John Krinsky, James M. Jasper e Sylvanna M. Falcón – cada um deles foi muito importante durante o período de doutorado no exterior e na transição para a vida profissional.

Meu amigo AK Thompson, sua inteligência e seus textos vão sempre me inspirar.

Sou muito feliz de fazer parte da comunidade maravilhosa em torno do *Brooklyn Institute for Social Research*. Um agradecimento especial aos meus colegas Ajay Singh Chaudhary e Rebecca Ariel Porte – eu certamente sou uma intelectual melhor por conta das trocas com vocês.

Letícia Tarifa e Melissa McIntyre – amigas maravilhosas, cada uma do seu jeito, suas palavras e seu carinho dão força para que projetos como este, e outros sonhos, virem realidade. Karen Nunes, que este trabalho possa um dia ensinar algo para o nosso Raí – imensamente feliz de ter me tornado sua comadre enquanto estas páginas eram reviradas.

Muito obrigada, Valéria Martins, por garimpar o texto original da tese comigo. Natália Helou Fazzioni, talvez sem saber, você deu o estímulo que faltava para estas ideias virem ao mundo na forma de livro.

Minha querida irmã, Paula Mariana, e meus amados pais, Paulina Maria e Paulo Roberto: obrigada demais por torcerem por mim, onde quer que eu esteja.

SUMÁRIO

INTRODUÇÃO
DESCOBRINDO *OCCUPY WALL STREET* E OS CAMINHOS A SEREM TRILHADOS 11

CAPÍTULO 1
O SURGIMENTO DO *OCCUPY WALL STREET* 21
1.1 MOMENTO TAHRIR NOS ESTADOS UNIDOS 22
1.2 FAÍSCAS ENTRE AS ESQUERDAS E O MANEJO DO INCÊNDIO 31
1.3 PRECISAMOS FALAR SOBRE ANARQUISMO 39
1.4 O ESQUELETO DO OWS 44

CAPÍTULO 2
EM BUSCA DO PASSADO DO *OCCUPY WALL STREET* 53
2.1 UM MOVIMENTO DE MOVIMENTOS 54
2.2 O ALTERMUNDIALISMO NOS ESTADOS UNIDOS
E EM NOVA YORK: O LEGADO DA *DIRECT ACTION NETWORK* 60
2.3 O VELHO DO NOVO 70

CAPÍTULO 3
REVELANDO AS CONTRADIÇÕES DO *OCCUPY WALL STREET* 77
3.1 VIRALIZANDO NA INTERNET 79
3.2 É SOBRE CLASSE E UM POUCO MAIS 85
Gênero 87
Raça 92
Classe 98
3.3 É O PROCESSO, ESTÚPIDO 110

CAPÍTULO 4

O CICLO VICIOSO DO *OCCUPY WALL STREET* 117

4.1 POLITBURO 2.0 118

4.2 O POLÍTICO É PESSOAL 129

CONCLUSÃO

VÍCIOS E VIRTUDES DO *OCCUPY WALL STREET* 141

REFERÊNCIAS 147

ANEXO I

DECLARAÇÃO DA OCUPAÇÃO 157

INTRODUÇÃO

DESCOBRINDO *OCCUPY WALL STREET* E OS CAMINHOS A SEREM TRILHADOS

"Occupy nunca vai morrer" (palavra de ordem no ato do terceiro aniversário do OWS, 17 de setembro de 2014)

Quando cheguei em Nova York, em meados de 2014, o *Occupy Wall Street* (OWS) ainda era memória recente, embora o destaque que detinha nos círculos ativistas começasse a se diluir frente a outros movimentos, campanhas e iniciativas que ganhavam corpo. Conforme eles se desenvolviam, era mais e mais evidente que havia "antes e depois" do *Occupy*. Seu impacto era indiscutível; seu legado, controverso. Até então, era a principal referência recente da esquerda no país.

Sua ressonância não se restringiu às fronteiras dos Estados Unidos. Elementos do "modo *Occupy*" podem ser percebidos em mobilizações em vários cantos do planeta ao longo da década 2010: México (2012), com o chamado #YoSoy132; França (2016), com o *Nuit Debout;* Hong Kong (2014), com a Revolta do Guarda-Chuva.

O Brasil presenciou um Ocupa Sampa em 2011 e, em 2013, a tomada das ruas durante as Jornadas de Junho adotou muito do que compunha o script do *Occupy* – como a centralidade do espaço público, a crítica à política institucional (tanto políticos profissionais quanto partidos) e a expressão de insatisfação ampla e difusa. O momento teve imensa repercussão na política nacional. O "espírito" do *Occupy* também ressurgiu em relevantes ações regionais como Ocupe Estelita, no Recife, em 2014, e na onda de ocupações de escolas por estudantes secundaristas em várias cidades do país, em 2016. Decerto, cada localidade tem suas peculiaridades que não podem ser minimizadas. O ponto está em perceber a existência de certa cultura de protesto que extrapolou fronteiras.

Uma análise do *Occupy Wall Street*, como estudo de caso, pode esclarecer dinâmicas que compõem mobilizações afins, antecipar tendências quando à emergência de movimentos semelhantes e prover elementos para autocrítica e aprendizado. Seu surgimento denota que muitas lutas sociais se combinam num ciclo de protestos, de modo que mobilizações em um local são capazes de inspirar e influenciar o que se passa em outro.

De fato, em dezembro de 2010, manifestações começaram na Tunísia e, ao início de 2011, espalharam-se em outros países do Oriente Médio, como Egito, com o levante na Praça Tahrir, Bahrein, Líbia, Marrocos, Síria, Israel. Enquanto a Primavera Árabe se desenrolava, protestos e manifestações também passaram a ter como palco a Europa, estendendo-se para Portugal, Espanha, Grécia, Inglaterra e Itália antes de chegar aos Estados Unidos. Com a ocorrência de inúmeros movimentos similares, estudos sobre as características de cada um podem fornecer elementos preciosos para entender como certas dinâmicas de mobilizações se desenvolvem e conceber caminhos para transformação social.

Mas o que foi *Occupy Wall Street*, afinal? OWS veio ao mundo em 17 de setembro de 2011, com a tomada de um espaço público de propriedade privada, chamado Zuccotti Park[1], na cidade de Nova York, Estados Unidos. Seu período de gestação iniciou-se cerca de dois meses antes, quando, em 13 de julho, a revista *Adbusters* – editada no Canadá, sem fins lucrativos, com a proposta de lutar "contra forças comerciais dominantes" – publicou em seu website um chamado provocativo: "ocupar Wall Street".

---

[1] Desde 1961, a prefeitura de Nova York oferece certas concessões de zoneamento a empreendedores imobiliários em troca de construção e manutenção de espaços para uso público. Com isso, Nova York, em especial a ilha de Manhattan, conta com parques, arcádias e praças, fechados ou ao ar livre, que são caracterizados como *"privately owned public space"*. Longe de ser só um detalhe ou uma curiosidade, o status "é público, mas tem dono" foi bastante importante para os desdobramentos do OWS por criar um imbróglio burocrático nas primeiras semanas em relação à autoridade responsável pelo espaço e à possibilidade de reintegração de posse.

Conforme se vê na Figura 1, que reproduz a convocação da *Adbusters*, uma bailarina se equilibra sobre o *Charging Bull*, estátua que representa a prosperidade das finanças; uma multidão se percebe a fundo, como se estivesse à iminência de um confronto; uma *hashtag* orienta que se tragam barracas. Em três dias foi criado um website[2] com posts diários e, durante dois meses, foram realizadas, de modo presencial, assembleias semanais de planejamento. O uso diligente das redes sociais para mobilização – à época, uma grande novidade – criou forte sensação entre quem, de perto ou de longe, acompanhava os desdobramentos: "alguma coisa" aconteceria naquele 17 de setembro.

Figura 1 – Pôster lançado na edição de julho de 2011 da Revista *Adbusters*

Fonte: Occupy Wall St: We are the 99 percent, 2011

[2] O website principal nas primeiras semanas de mobilização era www.occupywallst.org.

No dia marcado, cerca de 2000 pessoas compareceram para as atividades oficialmente programadas:

> Por volta de meio-dia, Matt Presto chegou ao Bowling Green Park, casa da famosa estátua Charging Bull. Ele encontrou cerca de 400 pessoas "circulando ao redor [da estátua] do touro, cantando, cartazes e tudo mais". Ao meio-dia, um grupo sentou-se e encostou-se nas barricadas de metal a bloquearem o acesso a Wall Street, formando o que o "Primeiro Comunicado" do OWS chamou de "bloqueio espontâneo". A polícia ameaçou prender as pessoas sentadas, então o grupo levantou-se e marchou para longe. Às 14h, aproximadamente duas dúzias de policiais uniformizados cercaram o touro enquanto, como o New York Times delicadamente colocou, "outros trabalharam para dispersar a multidão". Enquanto isso, vários participantes faziam aulas improvisadas de yoga e tai chi no Bowling Green Park.
>
> Às 15h, uma multidão de cerca de 1000 pessoas começou a se aglomerar, de acordo com o plano, na Chase Plaza. [...] O Comitê Tático produziu um mapa onde marcaram sete possíveis locais para a realização da Assembleia Geral. Às 14h30, centenas de cópias do mapa foram distribuídas, juntamente com a instrução para ir para o "Local Dois" – Zuccotti Park – "em trinta minutos" (Writers for the 99%, 2012, p. 16).

Em sequência a uma assembleia geral no Zuccotti Park, cerca de 200 pessoas resolveram passar a noite e iniciar o que seria, enfim, a ocupação. Surpreendentemente, a polícia não interveio – embora tenha praticado ataques "menores" contra *occupiers*, como destruir as barracas levantadas ao terceiro dia e prender pessoas que escreviam na calçada com giz, usavam megafone ou tomavam as ruas durante as marchas em vez de permanecer nas calçadas.

Tal atitude inicial da polícia é ainda mais surpreendente se levarmos em conta *onde* o OWS se estabeleceu. O Zuccotti Park fica a duas quadras de Wall Street, no coração do bairro *Financial District*, que é o centro financeiro da cidade e, considerando o status de Nova York, de todo o país. A Bolsa de Valores de Nova York, a Prefeitura de Nova York – conhecida como City Hall – e o World Trade Center, cenário dos ataques de 11 de setembro de 2001, estão a poucos metros de distância. A área é uma das que mais recebe turistas e conta com bastante monitoramento – sendo a polícia de Nova York notória por seu arsenal militar e pelo orçamento grandioso à sua disposição.

Instalado no parque, o protesto foi se consolidando e ganhando cada vez mais adesão. Mensagens de apoio passaram a ser endereçadas ao OWS e visitas "ilustres" de intelectuais, representantes locais, artistas, personalidades da mídia em geral tornaram-se mais e mais comuns.

Quanto mais OWS despertava interesse, mais *occupiers* afirmavam que se tratava de "um novo tipo de movimento", abrindo caminho para uma "democracia real", "genuína", "popular", "de massas". Durante os preparativos para a ocupação, foram deixados de lado quaisquer pautas ou programas preestabelecidos, e assim se seguiu conforme o movimento crescia. O foco recaiu sobre o *processo*: entendia-se que eventuais demandas em nome do OWS viriam do diálogo orgânico dos sujeitos em assembleia e, portanto, era necessário ter paciência.

O slogan do movimento – "Nós somos os 99%" – adquiriu popularidade gigantesca e extrapolou o status de simples palavra de ordem: foi tomado como um retrato da sociedade estadunidense do século XXI. À época, o país lidava com as consequências da chamada Grande Recessão, como resultado da crise iniciada em 2007 e em plena evidência em 2008 e 2009.

O motivo mais imediato do grande tombo da economia em 2007 foi o estouro da bolha imobiliária – ou seja, o valor nominal dos títulos de propriedade sobre imóveis descolou-se de seu valor fundamental, produzindo distorções nas relações entre o preço e o rendimento (ou lucro) a ser obtido ulteriormente pela posse de tais títulos. A bolha imobiliária promoveu um novo paradigma de gestão de créditos e ativos e, em meio a ele, havia espaço para práticas não muito idôneas por parte de bancos e corretoras. A classificação dos ativos imobiliários passou a ser conduzida de modo a ampliar os lucros, com práticas predatórias sobre a clientela mais vulnerável – em especial a comunidade negra do país, estruturalmente marginalizada. Com isso, era grande a ira em relação aos gestores do capital financeiro, linha de frente da manipulação de créditos e ativos, e aos representantes políticos, facilitadores e coniventes com tal esquema.

Essas causas imediatas da crise indicavam fragilidades mais profundas na economia estadunidense, que, desde os anos 1970, facilita e favorece o capital e mercado financeiro – cerne do neoliberalismo. Nesse regime de acumulação, o Estado exime-se de promover a redistribuição de recursos por meio de programas e direitos sociais e aumenta a repressão para a garantia dos patrimônios privados e maiores oportunidades de lucro. A consequência fundamental é o aumento da desigualdade, com o empobrecimento da classe trabalhadora e a precarização das classes médias por meio da diminuição e/ou estagnação dos salários e endividamento das famílias. Os ganhos da parcela menor e mais rica dão-se às custas da parcela maior e mais pobre ou empobrecida da sociedade. Daí vem o apelo do slogan que ficou famoso com OWS.

Durante quase dois meses, o Zuccotti Park foi o coração do movimento. Partindo dos grupos de trabalho iniciais intitulados *Food, Media, Outreach, Arts and Culture, Tactics, Process* e *Student Contingent,* muitos outros foram criados. Embora não se possa dizer o número ao certo, chegaram à marca de cem (ou mais), "divididos por títulos desde 'Política e Reforma Eleitoral' até 'Chá e Fitoterapia'" (Cox, 2013, p. 4).

Certos grupos de trabalho eram ligados ao específico espaço físico do Zuccotti Park, como *The People's Kitchen,* que servia cerca de duas mil refeições por dia, três mil no fim de semana; *The People's Library,* biblioteca com cerca de 4000 títulos; *Comfort Center,* que oferecia cobertores, meias e outras formas de suporte para quem passava longas horas no parque. A ocupação também estabeleceu um *Sacred Space,* onde "a Árvore da Vida [*Three of Life*] era a expressão direta das intenções espirituais coletivas das pessoas e do direito à liberdade religiosa" (Writers for the 99%, 2012, p. 85) e *occupiers* podiam meditar, fazer tai chi chuan e praticar yoga. Havia também um *Drum Circle,* onde se tocava baterias e tambores quase ininterruptamente. Milhares de pessoas circulavam no espaço todos os dias.

Figura 2 – Mapa da ocupação no Zuccotti Park

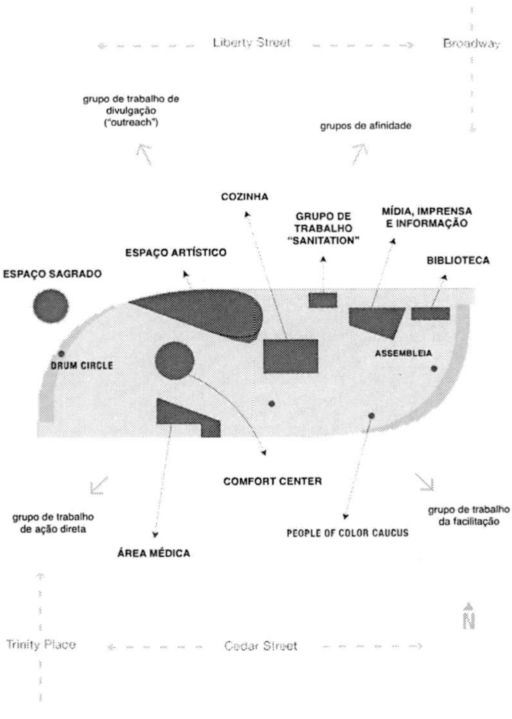

Fonte: Gould-Wartofsky (2015)

O fim da ocupação do Zuccotti Park aconteceu em 15 de novembro de 2011, após uma tentativa frustrada, por parte da prefeitura, de encerrar o movimento no mês anterior. A essa altura, com dois meses de existência, o OWS se colocava abertamente como uma mobilização nacional e internacional, com a realização de marchas em conjunto com grupos em outras localidades dos Estados Unidos e do mundo. *"Occupy"* era o verbo da vez e *occupiers* estavam envolvidos – como protagonistas ou coadjuvantes – em uma infinidade de campanhas e iniciativas que se iniciaram a partir do OWS, ou que a ele se fundiram. No entanto, à medida que o movimento se expandia, também ficavam evidentes certas dificuldades, problemas e dilemas.

Com o fim da ocupação e a disposição em prosseguir com as atividades, foi preciso reorganizar o dia a dia de um movimento que, até então, tinha à sua disposição um espaço próprio com larga infraestrutura. Conflituosas e polêmicas tentativas de novas ocupações em outros locais da cidade revelaram cada vez mais cisões internas entre as distintas tradições políticas e de movimentos sociais que formavam o OWS. Grupos de trabalho continuaram se reunindo diariamente, mas "o movimento perdeu seu centro; reuniões constantemente [iam] a lugar nenhum, e aqueles que se dedicaram ao ativismo em tempo integral, sem fuga ou descanso suficiente, est[avam] mostrando sinais de desgaste" (Schneider, 2011).

> E como em qualquer revolta [*uprising*] real, havia uma sensação de delírio que você tinha. Então, várias pessoas estavam tendo romances que iriam durar somente durante o parque ou até logo em seguida. Muitas pessoas largaram o emprego, ou perderam suas casas ou deixaram suas vidas, porque ele [OWS] deixou todos nós malucos, no bom sentido e de uma forma complexa (entrevista José Martin, 2015; acréscimo meu).

A organização em grupos de afinidade (isto é, com base em interesses similares e laços de amizade) tornou-se preponderante e tentativas de reformar ou "salvar" espaços anteriormente comuns ao movimento foram aos poucos abandonadas. Inúmeras marchas, atividades e campanhas foram levadas a cabo nos cerca de 12 meses que se seguiram ao fim da ocupação, com grande diversidade e variadas adesões tanto em termos de público-alvo quanto em número de participantes. Desenhar toda a rede surgida com e por meio do OWS é uma tarefa impossível devido à sua extensão e ao seu caráter fluido. Também não é possível estipular quando ele, de fato, acabou. Indivíduos, grupos e coletivos, nem sempre em harmonia, disputavam – e ainda disputam – o OWS, sua narrativa, sua "marca" e seu legado. Como então proceder com uma análise do movimento?

A existência do OWS não pode ser concebida separadamente do contexto de mobilização internacional então vigente, mas não se trata de avaliar uma suposta "receita" ou "fórmula" de fazer política manifesta nos inúmeros movimentos surgidos na primeira metade dos anos 2010. Da mesma forma, embora a crise de 2007-8 tenha impulsionado o movimento nos Estados Unidos e em Nova York em particular, uma análise da crise não explica a ascensão e o que se passou com o OWS – que emergiu somente em 2011.

As diversas antologias que se dispuseram a retratar o OWS ressaltam sua organização como um movimento aberto, horizontal e sem líderes. Sua flexibilidade e capacidade de acomodar um leque de insatisfações e aspirações eram notórias. Todavia, pouco se avaliou a conexão entre tal modelo de organização e as dinâmicas cultivadas no movimento, incluindo seu destino.

Frente à lacuna diagnosticada, o objetivo do meu estudo é revelar que o movimento foi possível, antes de tudo, em função da estrutura de organização que adotou.

Por meio dela, pôde florescer, se desenvolver e, enfim, encontrar limites. As páginas seguintes se dedicam a mostrar como *o segredo do OWS está na forma do OWS*.

CAPÍTULO 1

O SURGIMENTO DO *OCCUPY WALL STREET*

"Eu acho que o Occupy vai ser lembrado como uma transição, um tijolo de construção, um degrau. Não foi o começo de nada, não é o fim" (entrevista Joshua Latour)

Originalmente, *Occupy Wall Street* tinha em seu horizonte a apresentação de demandas como resultado de um longo processo de troca, escuta, conversa. Os primeiros participantes do movimento imaginavam que, com encontros e assembleias, chegariam a um consenso em relação ao que exigir das autoridades. Com cerca de duas semanas de ocupação do Zuccotti Park, porém, a formulação de demandas foi abandonada em favor da valorização da participação no movimento como um ato relevante em si mesmo – nada deveria ser requerido das autoridades em troca do encerramento da ocupação. Curiosamente, é possível relacionar tal abandono à adesão mais intensa de um setor amplo da esquerda estadunidense, cujas táticas não excluem o diálogo com o Estado – governos, legisladores, autoridades oficiais.

Ao início de outubro de 2011, sindicatos e organizações comunitárias passaram a proporcionar apoio logístico e financeiro e ingressaram no dia a dia da ocupação e do movimento – até então, sua presença era praticamente nula. A coincidência entre o início da participação mais intensa, orgânica e sistemática de vários sindicatos e organizações comunitárias de um lado, e a rejeição completa do esforço de formular demandas de outro, indica que a atuação da chamada esquerda tradicional deu ao OWS um impulso para assumir de vez o seu "DNA anarquista" (Williams, 2012).

A presença de sindicatos e organizações comunitárias confirma que o OWS foi capaz de atrair um amplo contingente e era composto de várias tradições políticas e de movimentos sociais. Os acontecimentos relacionados à crise econômica de 2007-8 e suas extensas consequências dão uma pista da atração exercida pelo OWS, mas a crise, sozinha, não é capaz de explicar o caráter massivo do movimento. Como conceber o amálgama que se formou e como qualificá-lo?

Para responder à pergunta, apresento um cenário da esquerda estadunidense nos meses anteriores ao nascimento do movimento, com destaque à chamada esquerda tradicional. Na sequência, explico a maneira como se lidou com a heterogeneidade do OWS e como compreender a sua horizontalidade. Finalizo com um desenho da estrutura adotada pelo movimento, o que dá fundamento à discussão nos capítulos seguintes.

1.1 MOMENTO TAHRIR NOS ESTADOS UNIDOS

Em 2007 e 2008, com o estouro da bolha financeira e o socorro a bancos e corporações, propagou-se a ideia de que salvar *Bank of America, Citibank, General Motors* ou *Chrysler* significava garantir a sobrevivência coletiva. Escondeu-se ou ignorou-se – de boa ou má-fé – que a gestão da chamada Grande Recessão se voltou majoritariamente para a defesa dos patrimônios privados e a recomposição do capital. Com as políticas desenvolvidas pelos governos George W. Bush e Barack Obama[3] e as medidas levadas

---

[3]   A principal diferença do governo democrata de Obama em relação ao governo republicano anterior foi a intenção de estimular a volta do consumo – ou seja, não só oferta, como também demanda por crédito. Em pormenores, a situação é a seguinte: por meio do *Economic Stimulus Act* aprovado em fevereiro de 2008 e do gigante pacote de salvamento apresentado em outubro do mesmo ano, o governo Bush contemplava "três linhas de ação bem delineadas, a saber: (a) recapitalização (participações acionárias) das instituições financeiras, (b) compra de ativos problemáticos e (c) política fiscal de estímulo à economia" (D'Almeida, 2011, p. 11). Já em 17 de fevereiro de 2009, o governo Obama acrescentou às medidas (a) e (b) anteriores o Arra – *American Recovery and Reinvestment Act* (Lei Americana de Recuperação e Reinvestimento). No espectro do Arra estavam gastos em infraestrutura, subsídios a empresas para criação de empregos, ampliação da assistência social, incentivo à produção de energia renovável, dedução de impostos para a indústria automobilística. Ainda que se possa considerar que, sem as medidas levadas a cabo pelo governo Obama, os efeitos (diretos) da crise teriam sido piores (*cf.* Blinder, 2013), o processo de recuperação da Grande Recessão manteve os traços predominantes do problemático desenvolvimento estadunidense das últimas décadas, marcado por gritante desigualdade econômica.

a cabo em outras economias do globo, os mercados financeiros entraram no caminho da recuperação, retomando o crescimento dos índices no primeiro semestre de 2009. Em julho do mesmo ano, foi decretado o fim da crise.

O gráfico a seguir ajuda a capturar o passo a passo da recuperação festejada por governantes e legisladores, retratando os três índices centrais do mercado de ações: aquele elaborado pela *National Association of Securities Dealers Automated Quotations* – Nasdaq (empresas vinculadas ao ramo da internet); aquele promovido pelo *Standard & Poor's 500* ou S&P500 (companhias de capital aberto distribuídas por diversos setores de atividades); aquele chamado *Dow Jones Index* (grandes corporações de renome negociadas primordialmente na Bolsa de Valores de Nova York).

Gráfico 1 – Desempenho dos índices Nasdaq (vermelho), Dow Jones (azul) e S&P500 (verde) de janeiro de 2008 a dezembro de 2012

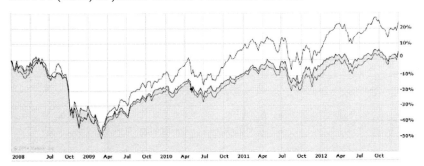

Fonte: elaboração própria baseado em Yahoo, 2014

O fim oficial da crise correspondeu à recuperação de Wall Street, mas não à de indicadores macroeconômicos relacionados mais diretamente à vida dos cidadãos e cidadãs estadunidenses. Por exemplo, a taxa de desemprego que começou a subir em meados de 2007, e se acentuou em 2008, atingiu um pico de 10% em outubro de 2009 (*cf.* U.S. Bureau of Labor Statistics, 2014) quando a crise estava oficialmente "finalizada".

Desde 2008, ensaiaram-se reações – de "baixo" e de variados setores[4] – contra o socorro escandaloso a Wall Street, o claro descolamento entre recuperação do mercado, de um lado, e recuperação de empregos, de outro, e a tendência de precarização em geral. Movimentos e protestos contra a conjuntura política ou contra "o sistema" sempre existiram – mesmo em Nova York. O "x da questão" é quando deixam de ser grupos fechados em si mesmos, marchas que atraem somente "algumas centenas de descontentes" (Gould-Wartofsky, 2015, p. 15) e campanhas que não vingam – como em setembro de 2008 – para dar lugar a protestos que reúnem milhares de pessoas e dão à luz um movimento histórico – como ocorreu em setembro de 2011, com o OWS.

Em Nova York, a mudança de escala – de centenas para milhares de manifestantes – começa no primeiro semestre de 2011, com as propostas de cortes orçamentários mais incisivos. Tanto o governo estadual quanto o governo municipal à época estavam empenhados em "reduzir despesas", o que, no geral, é sinônimo de redução de empregos, investimentos e gastos com saúde, educação e outros serviços sociais:

> Declarando o Estado de Nova York "funcional-mente quebrado", o Governador Andrew M. Cuomo propôs um orçamento de 132,9 bilhões de dólares na terça-feira que reduzirá o gasto ano a ano pela primeira vez em mais de uma década, diminuirá as despesas projetadas em educação e saúde e cortará o orçamento para as agências estatais em mais de meio bilhão de dólares no próximo ano fiscal (New York Times, 1 fev. 2011)[5].

Em resposta, consolidou-se um forte movimento antiaus-teridade, contrário às políticas de controle de gastos e despesas

---

[4] Vale colocar que uma das reações ao cenário apresentado foi o conservador *Tea Party*.

[5] Considere que tal postura não é exclusiva de Nova York. Durante a Grande Recessão, 58% dos estados efetuaram cortes *across-the-board*, 40% resolveram tentar fechar o buraco no orçamento com cortes na assistência, 50% por meio de demissões de funcionários estatais e 40% por meio da imposição de licença forçada aos funcionários. Já o aumento de três tradicionais fontes de renda estaduais (imposto de renda, imposto sobre compras e impostos sobre empresas) foi muito menos comum, com 10% a 20% dos Estados que o fizeram, dependendo do ano da recessão considerado (*cf.* Campbell; Sances, 2013, p. 266-268).

sociais, sobretudo na cidade de Nova York, no qual as medidas fiscais do então prefeito Michael Bloomberg adicionavam-se à revolta de certos setores da população. Tal movimento, porém, caracterizava-se mais como um esforço coletivo contra as propostas de Bloomberg e Cuomo do que como uma organização política coesa e homogênea. Nele, duas tendências se distinguiam: de um lado, sindicatos, alguns de grande expressão nacional, e organizações comunitárias; de outro, a chamada *New Yorkers Against Budget Cuts* – NYABC (Nova Iorquinos Contra Cortes no Orçamento). A NYABC era uma coalizão de grupos com perfil mais militante e que reunia estudantes, frações mais "radicais" de diversos sindicatos, partidos de pequena expressão, grupos de imigrantes e outros coletivos variados.

Nos Estados Unidos não há partidos de esquerda de expressão e os sindicatos, em geral, não têm tradição de bandeiras comumente associadas à classe trabalhadora – como o socialismo, por exemplo[6]. Com sindicatos mais inclinados a uma postura corporativista, centrada em aspectos do ambiente de trabalho e interlocução com o patrão, as chamadas organizações comunitárias foram se desenvolvendo ao longo do século XX e correspondem tanto à importância que a política no nível local detém no país quanto à relevância de reivindicações para além dos limites do trabalho ou ocupação – por exemplo, discriminação racial, moradia, saúde, acesso à cidade etc.

Mesmo com programas distintos, sindicatos e organizações comunitárias em geral formam a chamada esquerda tradicional, pois ambos seguem moldes *tradicionais* de organização política: hierarquia, formalidade de quadros internos e maior disposição para agir e negociar dentro dos limites institucionais – ou seja, do Estado. Historicamente, tais moldes de organização foram questionados, a partir dos anos 1960, por uma "nova" esquerda no país – e mesmo

---

[6] Decerto, há exceções ao modelo predominante – como a *Industrial Workers of the World* (IWW) no início do século XX, a *Congress of Industrial Organizations* (CIO) nos anos 1930 e o setor de sindicatos organizados pelo Partido Comunista até os anos 1950. Para uma discussão sobre o modelo predominante, suas origens e seu triunfo, ver Voss (1994).

no mundo. Grupos formados mais recentemente, como a NYABC, têm poucas conexões com os primórdios do embate entre "velha" e "nova" esquerda. Contudo, sua crítica à burocracia e à esquerda *establishment* decerto ecoa tal embate e coloca a NYABC em tensão à tendência de perfil tradicional do movimento antiausteridade em Nova York na primeira metade de 2011.

Figura 1 – Flyer para o *Day of Rage Against the Cuts*, em 24 de março de 2011

Fonte: New Yorkers Against Budget Cuts: Student-Labor-Communities United, 2011

Em meio à crítica a Wall Street, outra referência surge, aos poucos, nos debates internos, materiais de divulgação e falas durante protestos e vigílias do movimento antiausteridade de 2011: o levante na Praça Tahrir, no Cairo. A crescente referência ao Egito era feita sobretudo pela NYABC, mais aberta à prática de desobediência civil do que a esquerda tradicional. *Egito* tornara-se então a justificativa para uma abordagem mais "agressiva" por parte dos grupos mais "flexíveis" da coalizão e um modelo para os grupos frustrados com campanhas anteriores, que obtiveram poucos resultados (*cf.* Krinsky; Getsos, 2012, p. 11). Com isso, ficaram evidentes os limites da aliança entre os setores da esquerda da cidade, à medida que o campo tradicional insistia em barganhar com as autoridades.

Mesmo com atritos dentro do movimento antiausteridade, um grupo disposto a avançar na mobilização na cidade se consolidou e continuou buscando novas formas de conduzir a luta contra os cortes orçamentários ao fim do primeiro semestre de 2011. O período foi crucial para os acontecimentos do semestre seguinte, pois não só (re)acendeu a possibilidade de uma abordagem mais ousada nos protestos como também elucidou caminhos para fazê-lo:

> Todo mundo estava pilhado [*freaked out*], porque era a primeira vez que muitos de nós nos encontrávamos e a primeira vez que um monte de gente estava fazendo esse tipo de ação [desobediência civil] em Nova York [...] depois disso, teve a grande marcha, nada realmente aconteceu, sem grande cobertura da imprensa, mas solidificou um grupo na cidade. Nós continuamos a trabalhar e os sindicatos estavam como "beleza, nós fizemos nosso protesto, agora vamos só fazer *lobby* no Bloomberg e no pessoal da câmara para conseguir um acordo decente" (entrevista Isham Christie, 2015; acréscimo meu).

Do grupo inclinado à prática de desobediência civil surgiu a chamada Bloombergville, iniciada em 14 de junho de 2011.

Bloombergville era uma ocupação no entorno da prefeitura, não muito longe de Wall Street, e a ideia era mantê-la de modo permanente, 24 horas por dia, até que se cancelassem os cortes no orçamento municipal. O espaço contava com uma biblioteca, aceitava doações de comida e bebida, oferecia aulas e debates – muitas vezes com professores de universidades renomadas de Nova York –, realizava noites de confraternização com microfone aberto e assembleia diária às 20 horas. Cerca de 150 pessoas circulavam na ocupação diariamente e algumas dezenas dormiam no local. Muitos dos participantes passavam parte do dia percorrendo as estações de metrô e outros cantos da cidade, chamando a atenção para a existência da ocupação e o orçamento diminuto então proposto pelo governo local.

Sabe-se que *ocupação* é uma tática bastante cara àqueles e àquelas que contestam o *status quo*. Ao longo da história, ocuparam-se fábricas para melhorias das condições de trabalho, para empreender greves e reivindicar controle operário. Ocuparam-se ruas e avenidas para parar o trânsito em marchas e protestos. Ocuparam-se fazendas para a realização de reforma agrária, para questionar o uso de agrotóxicos e outros venenos. Ocuparam- -se escolas e universidades para barrar reformas educacionais e precarização ou protestar contra guerras e massacres. Mesmo a Bloombergville remetia, em seu nome, a um período de ocupações na história dos Estados Unidos: as chamadas Hoovervilles – espécie de favelas que se formaram nos anos 1930 em função da pobreza e do desespero causados pela crise de 1929.

O que chama a atenção nas ocupações do ano de 2011, dentre elas Bloombergville, é o sentido de democracia direta associado a elas. Tal sentido não é inédito, mas por meio dele ativistas em Nova York traçaram mais firmemente a linha de continuidade com os acontecimentos no Egito. Àquela altura havia também o movimento na Espanha, iniciado em 15 de maio do mesmo ano, com suas *acampadas* na Puerta del Sol. Naquele novo contexto, *ocupação* significava participação e horizontalidade. Igualmente relevante era a transformação do espaço físico e a relação que com ele desenvolviam os participantes.

Um bom exemplo de como esse modo de ocupar vinha ganhando força era a cidade estadunidense de Madison, capital do Estado de Wisconsin, onde políticas de austeridade foram combinadas a políticas antitrabalhistas como limitação do poder de barganha dos sindicatos e restrição do direito de greve de servidores públicos. Em fevereiro de 2011, estudantes e trabalhadores ocuparam a assembleia estadual e expressaram não só sua rejeição às propostas do governo como também o "espírito" de ocupação que estava então no ar:

> Os ocupantes terminaram por se referirem ao capitólio ocupado como "A Casa do Povo". De dia, eles faziam *speakouts* de microfone aberto e rodas de música [*sing-alongs*] no primeiro andar, enquanto delegações de apoiadores penduravam faixas das sacadas dos segundo e terceiro andares acima: "Nova York está com Wisconsin". "Michigan apoia Trabalhadores de Wisconsin". "Baltimore está aqui com vocês". "Solidariedade do Texas". Aliados de fora do Estado solicitaram milhares de pedaços de pizza para alimentar os ocupantes, com doações vindo de todos os cinquenta Estados e de fãs de tão longe quanto Haiti, Equador e Egito. Os ocupantes não só se beneficiaram da *"pizzatopia"*, mas também de uma estação médica, centro de informações, creche e outros serviços sob demanda. Após o anoitecer, a programação continuava com performances, workshops e discussões em grupo. De madrugada, mais de 400 ocupantes espalhavam seus sacos de dormir pelo chão de mármore e preparavam-se para o dia seguinte de ocupação (Gould-Wartofsky, 2015, p. 26-27)[7].

Bloombergville durou cerca de três semanas e foi encerrada forçadamente no começo de julho, em sequência à ratificação da maioria dos cortes propostos pela prefeitura, frustrando a luta de meses. O mais importante, porém, é que os grupos envolvidos

---

[7] Tendo em mente algumas características da ocupação em Madison, pode-se entender melhor a Figura 1 exposta anteriormente neste capítulo, em que se diz *Egito – Wisconsin – New York*.

na NYABC continuaram trabalhando mesmo com o desmantelamento da ocupação, dispostos a *"criar um movimento muito maior que possa colocar um sério desafio às políticas de austeridade na cidade de Nova York"* (Tartelon, 2011; grifo meu)[8]. Nesse contexto, o chamado da revista *Adbusters*, publicado alguns dias após o fim da Bloombergville, veio a cair como uma luva:

> Depois que [as pessoas foram presas por desobediência civil por causa dos cortes no orçamento e a Bloombergville foi desmantelada] [...], eu ainda estava morando com o Isham [...] e ele me falou que Adbusters, essa revista que eu tinha ouvido falar um tempo atrás [...], ele disse que Adbusters tinha soltado esse chamado para ocupar Wall Street e eu estava meio que olhando para a imagem, sei lá, pôster que eles estavam usando, e eu estava meio que "eu imagino se... como isso vai funcionar?" E ele diz: "eu não sei, talvez a gente devesse ter uma reunião sobre isso" (entrevista Jezzz Bold, 2015; acréscimo meu).

À luz da narrativa considerada, vê-se que uma eventual nova ação em Nova York se construiria sobre um histórico de alianças, acordos, divergências e conflitos entre os setores da esquerda local. De fato, "cerca de 25 [pessoas, metade dos presentes na primeira reunião sobre o chamado da Adbusters] estavam bem hostis à ideia de uma revista canadense dizendo para nova iorquinos o que fazer, sem saber as realidades e as complicações da política em Nova York" (entrevista Isham Christie, 2015; acréscimo meu). No fim, costurou-se um acordo em torno de uma assembleia geral no dia 2 de agosto daquele mesmo ano – o primeiro passo no planejamento do OWS.

---

[8] É importante sublinhar que a reportagem de Tartelon é escrita no calor do momento, quando Bloombergville estava literalmente terminando. A avaliação de que havia ânimo de criar um movimento ainda maior é, portanto, reflexo do que se passava no contexto local da cidade – o que confirma que não se trata de uma avaliação somente segundo à ocorrência de algo chamado *Occupy Wall Street* meses depois.

1.2 FAÍSCAS ENTRE AS ESQUERDAS E O MANEJO DO INCÊNDIO

Com a emergência da ocupação no Zuccotti Park em setembro de 2011, poucas semanas após o fim da ocupação inspirada pelos cortes no orçamento, muitos confirmaram a seguinte percepção: "Bloombergville marcou a chegada de uma tática inovadora de protesto em Nova York *que irá provavelmente ser refinada e usada novamente no futuro*" (Tartelon, 2011; grifo meu).

Sabendo das características da Bloombergville e suas semelhanças com o OWS, advém a pergunta: por que a primeira ficou restrita a um pequeno público e à (vaga) memória de um seleto grupo de ativistas e este último conquistou corações, mentes, manchetes e teses acadêmicas?

Do ponto de vista de uma parte dos ativistas da região de Nova York havia discordância em relação à prática de exercer pressão nos governos levada a cabo pela NYABC (Nova Iorquinos Contra Cortes no Orçamento) e também falta de "confiança" em relação ao que se passava na Bloombergville:

> Eu não estava envolvida na Bloombergville, eu estava no Egito durante a primeira parte da Bloombergville, eu vim no final e eu conhecia algumas pessoas que estavam organizando, mas era muito de cima pra baixo, era organizada... [...] É, era hierárquico, [...] formada basicamente do *Workers' World [Party]*, o *Revolutionary Communist Party* e *Organization for a Free Society*, ou seja, a esquerda autoritária, a velha esquerda estava envolvida na organização, então eu realmente não vi muito potencial (entrevista Marisa Holmes; acréscimos meus).

Em outras palavras, a crítica à burocracia feita pela NYABC, a ala mais "militante" do movimento antiausteridade, ainda não era suficiente para diferenciá-la por completo de sindicatos e organizações comunitárias. De acordo com ativistas como Marisa Holmes, por exemplo, a NYABC podia se valer de táticas mais "radicais", mas sua visão política ainda estava adequada aos ditames do Estado. Com isso, uma "nova" tática de protesto, como a ocupação diuturna, não era, em si mesma, capaz de unificar os variados segmentos da esquerda local – que, desde 2008, procuravam construir uma resposta à crise e às suas consequências. Mas o que era preciso para aproximar a dispersa esquerda então?

Cabe perceber que, de Bloombergville a OWS, houve uma mudança de foco que se mostrou crucial. Embora a crítica a Wall Street estivesse presente nas mobilizações antiausteridade do primeiro semestre, ela ainda era condicionada à questão dos cortes orçamentários municipais e estaduais. *Wall Street* conferia um significado mais preciso ao que estava por trás daquelas políticas adotadas pela prefeitura e pelo governo do Estado, mas ainda estava em segundo plano. Com o OWS, porém, *Wall Street* tornou-se o próprio significante. Conforme explica um *occupier*,

> [...] [no OWS] todo mundo podia vir e ver sua questão como equivalente e eles podiam ver quem era responsável por isso. Você não podia fazer isso na Bloombergville, simplesmente não era possível, porque era muito o tipo tecnocrático, muito focado nos detalhes do orçamento, não tinha muito daquela expansão, a lógica emocional ligada a ela que Occupy Wall Street tinha (entrevista Arun Gupta, 2015; acréscimo meu).

Com a mudança de foco, o chamado para ocupar Wall Street ganha uma flexibilidade, pois é possível manejá-lo de diversas maneiras e, logo, ampliar o seu apelo:

> Então na discussão que acontecia quando a gente ia tomar uma cerveja depois, esses temas sempre viam, tanto que eu fiquei sabendo rapidamente que essas coisas existiram, fui assimilando todas essas informações muito através das pessoas que participaram, o Lorenzo, o Isham, o Jezzz, a Mary Clinton e eu fiquei sabendo através deles que... e o Bloomberg[ville] era mais... sempre vinha, eles tinham participado e eles falavam muito da rela-

> ção assim, "ah, a gente pode fazer igual a gente fez...", sei lá, como que dormia, dormia em cima do papelão, as experiências de ter dormido na rua, eles falavam bastante daquilo assim, mas, para mim... eu estava mais empolgada assimilando a ideia com a ideia do 15M, tinha uns espanhóis do 15M que estavam vindo pra assembleia, eu lembro muito de sentar na cervejinha depois da assembleia pra trocar ideia, de sentar com os espanhóis, com um cara chamado Luiz e ele me contar o que tinha acontecido em Madrid, das assembleias gigantes que estavam acontecendo em Madrid e eu assimilava mais com isso, de ser essa visão internacional (entrevista Vanessa Zettler, 2015; acréscimo meu).

O abandono de uma pauta específica – medidas locais de austeridade fiscal – e a adoção de uma "pauta" ampla – Wall Street – congregou uma diversidade de "porquês" em uma mesma ação. Todavia, o caleidoscópio de motivos para se ocupar Wall Street não levou ao fim dos atritos. Dois registros da assembleia do dia 2 de agosto de 2011 – a primeiríssima organizada para dar vida ao que seria a ocupação do Zuccotti Park – mostram a diversidade de forças e opiniões. De um lado:

> Aí meu amigo Yotam falou "por que a gente simplesmente não faz os dois?" [...] Ok, primeiro a gente vai fazer uma rodada de falas [*speak out*] porque o *Workers' World* adora isso, e aí a gente vai fazer uma assembleia. Existe essa narrativa que os anarquistas gostam de contar, de que "a velha esquerda estava tentando fazer esse velho modelo e nós rompemos com isso para fazer algo novo". [...] [Fazer uma assembleia] Sempre foi o plano (entrevista Isham Christie, 2015; acréscimo meu).

E de outro lado:

> [...] a melhor memória realmente é quando a Georgia salvou o Occupy de ser raptado pelos comunistas. [...] ela é quem impediu o Occupy de se tornar só mais um projeto controlado por trotskistas,

> stalinistas, maoístas... [...] A Georgia termina agarrando o microfone... não, espera, primeiro ela entra na fila, quando é finalmente a vez dela de falar, ela diz "isso não é uma assembleia geral, isso é um comício [*rally*], eu não sabia que vocês iriam fazer isso, nós viemos aqui para planejar, nós viemos aqui para organizar". As pessoas entraram numa briga, "olha, a gente vai ter isso, depois, quando aqui acabar, aí a gente vai ter nossa assembleia". E a Georgia: "não, isso é mentira [*bullshit*], todo mundo que quiser realmente organizar, me encontra ali [no canto]" (entrevista Chris, 2015).

Embora muitos buscassem construir "pontes" entre os setores da esquerda local, havia um fosso entre os coletivos que se mostravam dispostos a ocupar Wall Street e se incorporaram às assembleias semanais de planejamento rumo ao dia 17 de setembro – data proposta pela revista *Adbusters* e ratificada na primeira assembleia geral de 2 de agosto referida anteriormente[9].

A discussão sobre a realização de assembleias semanais contou com um guia produzido por grupos do 15M, da Espanha, e participação presencial de ativistas estrangeiros. Havia uma constante tensão entre cópia e adaptação de experiências e "diretrizes" de outros países que viviam momentos de ocupação do espaço público, como Espanha e Grécia. Do guia em questão, destaco:

> Uma Assembleia não deve se centrar em torno de um discurso ideológico; ao invés disso, ela deve lidar com questões práticas: O que nós precisamos? Como nós vamos conseguir isso? A Assembleia é baseada em associação livre – se você não está de acordo, você não é obrigado a cumprir. Toda pessoa é livre para fazer o que ela quiser – a Assembleia

---

[9] Por exemplo, indivíduos ligados a um espaço "artivista" conhecido como 16 Beaver, em função do endereço onde se localizava, tinham tomado como tarefa espalhar mensagens vindo da Primavera Árabe em parques da cidade. Atuando de modo descentralizado, entravam em conflito recorrente com indivíduos designados por sua organização para comparecer às assembleias de planejamento do OWS: "um deles mandou 'meu Deus, você é uma grande liberal' e eu: 'valeu!' Eu não tinha a menor ideia de que eles estavam sendo rudes, eu podia dizer que eu estava fora ali, mas eu estava determinada a entender aquilo" (entrevista Cecily McMillan, 2015).

tenta produzir inteligência coletiva e linhas de pensamento e ação compartilhadas. Ela encoraja o diálogo e conhecer um ao outro.

Por ora, cabe salientar que o foco era o planejamento da ação – ou seja, como ocupar Wall Street. A NYCGA – a Assembleia Geral da Cidade de Nova York – era considerada um organismo de coordenação com um escopo bastante específico, refratária a quaisquer discussões relativas à *natureza* do coletivo constituinte da assembleia e à *substância* da ação a ser levada a cabo. Em outras palavras, a assembleia evitava responder questões como: o que é este espaço que estamos a criar? Que tipo de laço nos une? O que se pretende atingir com a ocupação aqui planejada? Tais discussões surgiram em muitos momentos, mas eram sempre contornadas ou suprimidas, mesmo que a duras penas, em nome do resguardo das questões práticas.

Assim se consolidaram duas bases fundamentais para o desenvolvimento do futuro OWS. Em primeiro lugar, promoveu-se uma grande autonomia interna na execução de tarefas, na eminente necessidade de se tomar iniciativa para que qualquer coisa acontecesse. Para participantes das assembleias que ferozmente criticavam a "velha" esquerda, autonomia era um princípio a ser seguido. Todavia, outros a interpretavam de outra maneira, passando a observá-la segundo um radical pragmatismo:

> [...] então, como divulgação [*outreach*], eu estava como "nós precisamos de duas frases sobre que porra [*what the fuck*] o Occupy Wall Street é para colocar no panfleto. Então, a gente pode concordar com essas duas frases?". Seis horas depois, nós não conseguimos concordar. Todo mundo tinha suas opiniões, [...] mas nós não conseguimos chegar a um acordo sobre o que essas duas frases eram. E então eu "foda-se, já deu [*I'm done*], essas pessoas são loucas, nós não conseguimos nem passar duas frases para pôr num panfleto para dizer para as pessoas para que porra elas estão vindo [no dia 17 de setembro], isso não faz sentido". E então

> "espera! [inaudível] Eu vou simplesmente colocar qualquer coisa que eu queira no panfleto e eu vou dizer 'eu estou agindo como um indivíduo'"... Então a gente simplesmente fez isso e começou a fazer isso, eu pensei: "é, isso não é tão ruim" (entrevista Isham Christie, 2015; acréscimos meus).

Em segundo lugar, abandonou-se a fórmula característica da Bloombergville: combinação de pressão interna, estilo *lobby*, e pressão externa, estilo protesto. Quando decidem prosseguir com a tática radical da Bloombergville *mas sem definir (ao menos momentaneamente) uma agenda, programa, demandas etc.*, conseguem atingir um equilíbrio entre os setores ávidos por expandir a mobilização, para não perder o fôlego do primeiro semestre, e os setores para os quais, além de ocupar, era necessário questionar a própria política existente: representação, delegação de poder, hierarquias, instituições. O equilíbrio atingido foi tênue, mas suficiente para manter um contingente de cerca de 30 a 60 pessoas durante os dois meses de reuniões que culminaram no OWS:

> As pessoas continuaram voltando semanalmente... [...] o jeito como eu conversava com alguém [à época], nós falávamos algo como "era a pior coisa", mas não tinha alternativa, nós não tínhamos esperança em algo no futuro próximo... então... "eu estou disposto a tentar isso, embora seja totalmente um saco [*totally sucks*]" (entrevista Jezzz Bold, 2015; acréscimo meu).

Por um lado, certos atritos entre os setores da esquerda local foram momentaneamente contornados. Por outro, sem a possibilidade de adivinhar o que o protesto e o futuro movimento viriam a ser, os sindicatos e as organizações comunitárias não se juntaram ao planejamento da ação no dia 17 de setembro. Desse modo, a preparação do OWS não contou com um importante ator das mobilizações do primeiro semestre de 2011:

> Nós íamos nos sindicatos, no grande comício do Dia do Trabalho [primeira segunda-feira de setem-

bro[10]], com panfletos do Occupy e distribuindo e as pessoas achavam que a gente tinha enlouquecido de vez [*were fucking insane*]. [...] Nós tínhamos uns panfletos legais, panfletos muito bonitos, mas a gente tentava explicar o que nós estávamos tentando fazer, as pessoas achavam que nós éramos insanos: "- é, nós vamos ocupar Wall Street! - Do quê vocês estão falando? - Sim, nós vamos lá e vamos dormir por dias"... [risos] eles achavam que a gente estava fora de si (entrevista Isham Christie, 2015; acréscimos meus).

A explicação mais fácil para a dificuldade no diálogo com sindicatos seria qualificá-los como "pelegos" – ou seja, refletem a prática de dirigentes sindicais ou empregados que procuram extrair benefícios individuais dos canais de negociação com os empregadores, mantêm estreitas relações com os patrões e, com isso, também favorecem direta ou indiretamente os seus interesses. A qualificação se justificaria pelo esforço dos sindicatos de controlar marchas, protestos etc. e valorizar o *lobby* durante a luta antiausteridade no primeiro semestre. A explicação mais complexa passa por lembrar como se caracteriza um sindicato:

Sindicatos são legal e filosoficamente atados à luta pelos interesses de seus constituintes, os quais, como trabalhadores assalariados, ocupam uma posição estruturalmente desvantajosa em relação aos empregadores de quem eles dependem para a sobrevivência. Os seus objetivos e demandas não podem ser deixados implícitos, mas, ao contrário, devem ser sucintamente articulados, o que permite a eles lutarem em frontes claros de lutas em que os trabalhadores participam e sabem o que está em jogo e quais são os ganhos (Bookbinder; Belt, 2014, p. 268).

Certamente, nem todo sindicato nas ruas às vésperas da ocupação de Wall Street era aguerrido. Porém o dilema com os

---

[10] Esclarecendo que, nos Estados Unidos, a comemoração oficial do Dia do Trabalho é dissociada das celebrações internacionais do Dia Primeiro de Maio.

sindicatos dizia respeito, na verdade, a modelos distintos de organização e luta política: de um lado, autonomia para a tomada de iniciativa, de outro, sujeição à "permissão" para ação; de um lado, defesa da necessidade de uma luta geral e genérica, de outro, defesa do traço corporativo de demandas particulares.

Considerando os riscos legais e burocráticos aos quais sindicatos normalmente estão sujeitos, sobretudo nos Estados Unidos, fica claro por que a esquerda tradicional adere ao OWS somente quando este ganha força – e, igualmente, recua quando ele se enfraquece. Misturar-se no período de ascensão, quando o OWS está se expandindo e ganhando espaço midiático, permite à esquerda tradicional articular suas pautas próprias. Ao mesmo tempo, a popularidade do OWS permite que ela se blinde e evite eventuais reveses em função do confronto mais "agressivo" instaurado com a tática de ocupação e os constantes protestos levados a cabo pelo movimento.

Mesmo assim, os recursos concedidos e a infraestrutura proporcionada pela esquerda tradicional foram importantes não só no aporte de dinheiro e volume de participantes, mas também na montagem de escritórios e almoxarifados para as atividades cotidianas da ocupação. Sindicalistas também estiveram à frente em momentos chave, como a resistência à primeira tentativa de reintegração do parque por parte da prefeitura, ainda em outubro de 2011.

A confluência na ocupação do Zuccotti Park borra, portanto, as linhas entre participação e colaboração. Se os números, as atividades, a infraestrutura e os recursos confundem-se em alguns momentos e tornam-se mais delineados em outros, não convém trazer a régua e a fita métrica para ver até onde cada um vai e quem trouxe exatamente o quê. Convém entender de que modo números, atividades, infraestrutura e recursos se aproximam e se afastam tão rápida e facilmente no OWS.

A resolução do enigma está numa estrutura de organização específica a acomodar os distintos indivíduos e grupos políticos a então levantarem a crítica a Wall Street. Entender a origem de tal estrutura é o último passo para compreender a pergunta com a qual iniciei esta seção – por que uma ocupação ganhou corações, mentes, manchetes e teses acadêmicas e a outra não?

1.3 PRECISAMOS FALAR SOBRE ANARQUISMO

Não se pode dizer que a mobilização dos sindicatos ressurgiu junto com o OWS ou em função unicamente da luta contra a austeridade levada a cabo em 2011.

A ascensão do neoliberalismo, nos anos 1970, relaciona-se a um esforço para desmantelar acordos e legislações trabalhistas, enfraquecer instituições e lideranças, e minguar a representação sindical. Tal esforço foi vitorioso em várias partes do globo e a filiação a sindicatos apresentou acentuada queda nos Estados Unidos, especialmente ao longo dos anos 1980 e 1990. O neoliberalismo marca o fim não só da "era dourada" do capitalismo ocidental do pós-guerra como também da época de ouro dos sindicatos, trazendo grandes dificuldades e desafios para eles. Como consequência, houve espaço para um olhar crítico ao modo como o movimento sindical se desenvolveu no país e também para uma mudança nas práticas de muitos sindicatos.

Ao longo do século XX, predominou nos Estados Unidos um modelo de sindicalismo menos combativo, focado em agendas restritas e sem considerar grandes pautas sociais. Era o sindicalismo de estilo gerencial, do qual ideias socialistas ou comunistas não faziam parte[11]. Com os ataques neoliberais a minar quaisquer

---

[11] Voss (1994) discorre sobre a ascensão, no fim do século XIX, da *American Federation of Labor* à principal entidade sindical do país, o que, segundo argumenta, ocorre com a decadência do modelo proposto pela organização denominada *Knights of Labor*, cuja proposta era mais radical. Embora nunca tenham desaparecido, socialismo, comunismo e uma postura mais radicalizada por parte dos trabalhadores em geral tiveram um fôlego nos anos 1910 e nos anos 1930 – neste último período em meio à situação de calamidade da Grande Depressão. No entanto, foram controlados com as políticas sociais e as políticas de institucionalização trazidas por meio do New Deal (*cf.* Piven; Cloward, 1979; Milkman, 2015) e com as emendas às leis trabalhistas efetivadas durante o período da Guerra Fria. Um exemplo de tal domesticação foi a fusão da AFL com a CIO (*Congress of Industrial Organizations*) em 1955. A CIO havia sido criado em 1935, em meio à reemergência das lutas trabalhadoras no país e em oposição à política de conciliação com o capital executada pela AFL

formas de organização coletiva dos trabalhadores, era preciso que os sindicatos recuperassem sua capacidade de influenciar negociações e garantir barganhas – aspecto fundamental segundo o modelo corporativo adotado.

Também era preciso aumentar suas fileiras, nadando contra a corrente antissindical, ou ao menos frear o número decrescente de trabalhadores sindicalizados. Ambas medidas demandavam uma reavaliação da associação íntima dos sindicatos com o Partido Democrata[12]. Igualmente, era preciso encarar as históricas dificuldades dos sindicatos para com certos setores da massa trabalhadora, sobretudo trabalhadores não brancos e imigrantes.

O movimento sindical estadunidense começou a desenvolver um conjunto de novos expedientes a partir da década de 1990. Em maior ou menor medida, sindicatos passaram a exercer "pressão externa", mobilizando seus trabalhadores e apoiadores para variadas manifestações públicas, marchas, comícios etc. Procuraram também expandir o "público-alvo", cortejando contingentes de trabalhadores precarizados – como empregados e empregadas do setor de serviços ou com contratos "independentes"[13]. Campanhas

---

desde sua fundação. Vale também ressaltar o peso do racismo na formação da classe trabalhadora estadunidense e sua influência nas dinâmicas do movimento sindical e das organizações sindicais em si (*cf.* DuBois, 1998; Arnesen, 1993).

[12] O movimento sindical, em geral, "oferecia apoio financeiro a candidatos, lançava esforços massivos para trazer votos e desenvolveu forte presença entre lobistas no Congresso e legislaturas centrais do Estado, o que ajudava a garantir legislação que beneficiava os trabalhadores do país" (Milkman, 2015, p. 179). Ainda, não se pode desconsiderar que o relativo conforto para a classe trabalhadora e a classe média estadunidense advindo da atuação sindical sob o excepcional cenário do pós-guerra ocorreu ao preço de várias restrições à prerrogativa de propor e executar greves.

[13] Para tanto, houve também pressão ou influência (às vezes direta, às vezes indireta), da década de 1990 em diante, dos chamados *work centers*. Os *work centers* direcionam-se justamente à parcela mais precarizada da força de trabalho, em especial trabalhadores imigrantes, cuja dificuldade de navegar no sindicalismo formal foi, por décadas, bastante saliente. Além da proximidade com um setor importante da força de trabalho, os *work centers* também se utilizam de repertório mais amplo para mobilização e trabalho de base – tal qual "advocacia legislativa, litígios para a aplicação de proteções trabalhistas, prestação de serviços e campanhas contra empregadores individuais, ao invés de táticas de ação direta de cunho econômico como greves" (Frantz; Fernandes, 2016, p. 2). Quando não degeneram em função da lógica da busca e obtenção de financiamento de grandes fundações, os *work centers* são capazes, assim, de influenciar, ou inspirar talvez, os sindicatos mais "antiquados", tornando o movimento sindical mais diversificado como um todo.

por melhores condições de trabalho e contratos por vezes adquiriram caráter global à medida que muitos sindicatos iniciaram esforços sistemáticos rumo a conexões internacionais, forjando estratégias de contra-ataque combinado às corporações e pautas abrangentes, segundo a perspectiva de direitos humanos (*cf.* Evans, 2015; Seidman, 2009). Por fim, os sindicatos aproximaram-se de outros movimentos sociais, abrindo-se para novas táticas, coalizões e recrutando lideranças com passado de ativismo em outras áreas.

Em suma, com a consolidação do neoliberalismo, o movimento sindical nos Estados Unidos diversificou-se e passou a levar a cabo campanhas um tanto mais criativas – fenômeno denominado, em geral, *social movement unionism*[14]. Críticas podem ser feitas à profundidade com que o movimento sindical vem incorporando as "novidades" – como maior uso de "pressão externa". Também é possível questionar se a atual prática dos sindicatos de fato subverte o corporativismo que há tempos lhes caracteriza[15]. Ainda assim, os eventos de 2011 – a luta antiausteridade e a própria participação no OWS – não seriam possíveis sem esse passado recente de "radicalização".

Na época da preparação para ocupar Wall Street, sindicatos e os outros setores da esquerda local estavam dispersos:

> Apesar da presença de pessoas de vários contingentes da esquerda sectária [*sectarian left*] que fizeram sua filiação conhecida com camisetas e retórica especializada, nenhum desses grupos podia dominar a Assembleia Geral de NYC. Ativistas de Nova York, àquele ponto, estavam estilhaçados [*splin-*

---

[14] É necessário esclarecer que o termo geral *social movement unionism* abraça diversas perspectivas e interpretações em relação à mudança ocorrida nos/com os sindicatos nos Estados Unidos a partir do neoliberalismo. Analistas diferenciam-se em função dos fatores que reconhecem como cruciais para o acontecimento (do início) da transformação rumo a uma maior "radicalização". Alguns autores defendem que a condução da transformação das instituições sindicais se dá/deve se dar a partir de lideranças revitalizadas (*cf.* Voss; Sherman, 2000); outros acreditam que qualquer mudança só é possível por meio de um levante da base que solape lideranças (*cf.* Moody, 2007).

[15] Vale considerar que, desde 2011, o movimento sindical estadunidense mudou bastante. O próprio movimento sindical ganhou novo ânimo com OWS e, recentemente, um novo modelo, chamado *worker-to-worker unionism,* vem ganhando força.

tered] e frustrados e nenhum grupo podia fazer muito por conta própria. Um desses grupos com papel considerável, a exclusivamente por convite *Organization for a Free Society*, não era o tipo que anunciava sua presença e seus membros pareciam operar como indivíduos, não como representantes de um bloco. Mesmo os anarquistas, que prepararam o formato da [NYC]GA e forneceram algumas de suas intervenções mais influentes, não estavam em posição de executar o show inteiramente (Schneider, 2013, p. 13; acréscimo meu).

A pressão rumo à adoção de um amplo significante – Wall Street – adveio de indivíduos e grupos (auto)identificados como anarquistas ou simpatizantes do anarquismo, em desacordo com os métodos da esquerda reconhecida como tradicional. Todavia, a predominância do anarquismo no OWS não pode ser considerada sem nuances.

Não é a composição dos coletivos ou a quantidade de anarquistas presentes que importa. Não se trata de considerar que o movimento seria a favor da "destruição do capitalismo e [d]a construção de uma economia sem classes, ecologicamente sustentável, [e] democrática, caracterizada por ajuda mútua e solidariedade" (Bray, 2013, p. 39) ou adotaria uma agenda caracteristicamente anarquista. O OWS torna-se anarquista em função dos princípios organizacionais internamente desenvolvidos ali, que informaram como o movimento havia de se estruturar e, enfim, permitiram acomodar a variedade de tradições políticas e movimentos sociais que o caracterizou.

Horizontalismo, democracia direta, ação direta, autonomia são princípios alimentados dentro do referencial anarquista – amplamente considerado – e compõem um complexo único dentro do OWS:

- *Horizontalismo:* o OWS defende que todos e todas são iguais perante o movimento e que ninguém é líder – consequentemente, todos e todas podem ser tomados como líderes. No OWS, o horizontalismo desdobra-se em uma forte prática de inclusão – todo mundo é bem-vindo e pode fazer parte da ocupação e do movimento – e pode ser reconhecido no coração de um dos procedimentos centrais do OWS: o *consenso*, que procurava garantir que todas as pessoas seriam ouvidas e consideradas.

- *Democracia direta:* com a crença de que não há líderes ou de que todas as pessoas são líderes do movimento, o OWS rechaça o princípio de representação. Considera-se que, em suas fileiras, a democracia "realmente" acontece, com os sujeitos representando-se a si próprios, enquanto indivíduos, e tomando decisões sobre todo e qualquer aspecto relacionado ao movimento – dos mais banais aos mais extraordinários.

- *Ação direta:* na medida em que todos e todas podem atuar no movimento, cabe aos sujeitos encaminharem, de modo prático, suas insatisfações, propostas, necessidades – e não as endereçar a terceiros. Seja numa iniciativa pontual, isolada (um piquete, por exemplo) ou numa tarefa de médio ou longo prazo (tal qual a organização de uma biblioteca e uma cozinha comunitária), *occupiers* viam-se tomando iniciativa rumo à mudança de suas condições. O princípio da ação direta é, muitas vezes, associado à execução de intervenções em que há um componente teatral, dramático, artístico ou um toque de destruição de propriedade privada e/ou "violência". No entanto, internamente ao OWS, essas representam apenas uma fração do que eu ressalto aqui – isto é, um certo tipo de intervenção em meio a uma grande gama de outras possíveis.

- *Autonomia:* em respeito à participação igualitária e ativa de todos e todas, é preciso garantir que os indivíduos tenham independência e liberdade para agir. Com a autonomia, dá-se espaço para que o princípio da ação direta seja desenvolvido por meio de uma diversidade de táticas. Não é incomum que se conceba *diversidade de táticas* como autorização para a destruição de propriedade privada e o uso de algum grau de "violência", citados anteriormente, mas tal nunca foi formalmente defendido no OWS.

O fazer político tradicionalmente desenrola-se de acordo com o esquema *objetivo* → *estratégia* → *tática* (*cf.* Taylor, 2013a). Mas, no OWS, o último passo, *tática,* se eleva sobre os outros dois, *estratégia* e *objetivo,* tornando-se sua razão maior. Não se distingue o que atingir com a luta e os objetivos não são declarados – ou são simplesmente indefinidos, desconhecidos. À medida que há uma ênfase no *modo* pelo qual se age, o que ocorre no OWS é *tática* → *estratégia* → *objetivo.*

As consequências da inversão ilustrada serão exploradas capítulos adiante. A seguir, eu apresento, sistematicamente, o desenho do OWS – o que era a sua *forma,* afinal?

1.4 O ESQUELETO DO OWS

Em 2 de agosto de 2011, no primeiríssimo encontro do que veio a ser o Occupy Wall Street, cerca de uma dúzia de pessoas se sentaram em círculo no *Bowling Green.* [...] Nosso sonho era criar a Assembleia Geral de Nova York: o modelo para assembleias democráticas que nós esperávamos ver florescer pela América. Mas como iriam aquelas assembleias realmente funcionar?

Os anarquistas do círculo fizeram o que parecia, naquele momento, uma proposta loucamente ambiciosa. Por que não as deixar operar exatamente como este comitê: por consenso (Graeber, 2011).

"... E corta", eu pensei comigo mesma; era como teatro experimental [...]. Então, sem perder uma

> batida, o grupo retomou a discussão relativa a como se chamariam. Mas eu não participei daquele primeiro encontro [em que eu estive presente]. Ao longo das horas seguintes, eu realmente nem mesmo ouvi. Eu só *assisti* à ondulação dos dedos. A reunião chegou ao fim com o "consentido" título Assembleia Geral da Cidade de Nova York. Eu devo ter parecido bem perdida, porque o homem do monólogo se aproximou de mim, apresentou-se como "David" e então perguntou: "você entendeu?". Ainda em transe, eu respondi "mais ou menos" (McMillan, 2016, p. 115-116; grifo no original, acréscimo meu).

A maneira como o OWS se reunia, realizava suas discussões e tomava suas decisões era adorada e fortemente defendida por uma parcela do movimento. Era também tópico de constante desavenças entre os próprios *occupiers*, alvo de comentários (nem sempre positivos) na mídia e fonte de dúvidas e estranhamento entre observadores externos e turistas.

Cada uma das descrições a seguir demonstra *como* os princípios descritos na seção anterior eram vividos pelos *occupiers* e como a estrutura do OWS enfim se materializava:

- NYCGA – assembleia geral: encontro realizado diariamente no Zuccotti Park, começando sempre com os informes dos grupos de trabalho do OWS. A assembleia era aberta a todos e todas que então tinham direito à fala e a expressarem sua posição em relação a algo em discussão. As falas eram organizadas segundo *progressive stack* (conferir definição a seguir) e ocorriam através de microfone humano (*mic-check*). Posições eram expressas por meio de sinais gestuais (*hand signals*) e decisões eram tomadas por consenso. A NYCGA era, em tese, o único espaço decisório e com autoridade para expressar-se enquanto OWS.

- *Progressive stack:* técnica utilizada para a organização da ordem das falas em uma reunião ou assembleia em que indivíduos de grupos tradicionalmente marginalizados têm prioridade na discussão. Os facilitadores da reunião ou assembleia autorizam que mulheres, negros e negras, indígenas, pessoas LGBTQI+, pessoas com deficiência se expressem antes de indivíduos de grupos tradicionalmente dominantes, estimulando estes a cederem a vez. Também é dada preferência a quem ainda não falou sobre quem já teve a oportunidade de se expressar. O objetivo do *progressive stack* é proporcionar mais chances de fala às minorias.

- Microfone humano – *mic-check* ou *people's mic:* em Nova York é proibido o uso de megafones ou amplificadores sem autorização da polícia. Para a comunicação durante protestos, momentos de considerável aglomeração de pessoas e grandes encontros, *occupiers* utilizavam a técnica do microfone humano, isto é, a repetição da fala de um/a *occupier*, frase por frase, pelos presentes. O microfone humano rapidamente potencializou os sentimentos de pertencimento e empoderamento daqueles e daquelas que se juntavam ao movimento.

Figura 2 – Principais sinais gestuais utilizados no OWS

PROPOSTA, QUESTÃO, INTERVENÇÃO	RESPOSTA DIRETA

QUESTÃO DE ESCLARECIMENTO	QUESTÃO DE ORDEM

ACORDO ("UP-TWINKLES")	DESACORDO ("DOWN-TWINKLES")

VETO (SEM CONSENSO)	CONSENSO (PROPOSTA PASSA)

Fonte: Gould-Wartofsky (2015)

- Sinais gestuais (*hand signals*): para guiar o andamento da assembleia sem interromper a progressão das falas, *occupiers* utilizavam um conjunto de sinais silenciosos. Cada sinal correspondia a uma ação (conferir a figura 2 deste capítulo): inscrição (*stack*); questão de esclarecimento (*point of clarification*); questão de ordem (*point of process*); réplica (*direct response*); conclua (*wrap it up*); veto (*block*); acordo (*up twinkles*); indeciso/a (*flat twinkles*); desacordo (*down twinkles*).

- Consenso: para que se decidisse algo, era necessária a apresentação de uma ou mais propostas. Após as falas (respeitando *progressive stack* e o microfone humano) e eventuais emendas, facilitadores da assembleia faziam uma avaliação da recepção da proposta (*temperature check*) entre os presentes, que indicavam por meio de sinais sua disposição em relação a elas e à existência de algum veto. Caso houvesse consenso, segundo os parâmetros estabelecidos pelo movimento, era só definir o encarregado ou encarregada da implementação. Caso não o houvesse, a proposta seria discutida novamente, modificada e avaliada mais uma vez. Se não se atingisse o mínimo patamar de consenso, a proposta deveria ser retirada – e reescrita ou reelaborada.

> Então, no começo, nas assembleias gerais no Tompkins Square Park, quando nós estávamos planejando para 17 de setembro, nós decidimos usar a forma de consenso modificado. Ou seja, a gente tentava consenso geral, consenso unânime, e, se a gente não conseguisse, aí a gente ia primeiro para 2/3 e 3/4 e, no final, voto majoritário. [...] Então, quando a gente chegou no parque [Zuccotti Park], a gente continuou isso, *mas, na verdade, bem nos primeiros dias, as pessoas sentiram que a forma de consenso modificado que a gente usava era próxima ao sistema de voto majoritário e a gente queria mais*

consenso, então precisava ir para 9/10. E isso foi o que a gente usou para o resto da ocupação. Então dia 1 ou 2, na verdade, que a gente decidiu isso (entrevista Marisa Holmes, 2015; acréscimo e grifo meu).

- Grupos de trabalho (*working groups*): no OWS, pessoas podiam se juntar para debater quaisquer problemas ou explorar quaisquer tópicos que julgassem relevantes e relacionados aos "99%" e ao movimento. Os grupos de trabalho se configuravam em função de uma necessidade do acampamento, identidade compartilhada, atividade ou iniciativa (a ser) desenvolvida. Grupos eram abertos a todos e todas e, quando reconhecidos pela NYCGA, tinham seu nome, documentos e informações adicionais divulgadas no website da assembleia geral. Foi ensaiada uma divisão formal entre os grupos quando se estudava a formação de um conselho (*spokescouncil*): grupos operacionais, *caucus*[16] e grupos políticos (*movement groups*). No entanto, tal divisão não influenciou em nada o que os grupos de trabalho faziam e foi alvo de inúmeras críticas e ressentimentos entre os *occupiers*.

---

[16] O *caucus* costuma indicar um grupo composto por uma ou mais minorias.

Figura 3 – Como chegar ao consenso

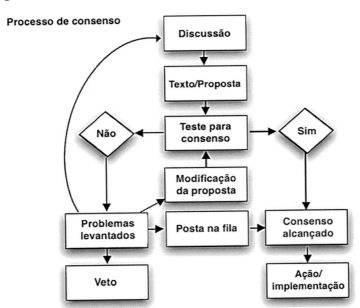

Fonte: comunicação pessoal da autora

- Conselho: espaço de discussão e tomada de decisão para os grupos de trabalho do OWS, formado por representantes de cada grupo. A reunião era aberta a qualquer interessado ou interessada, mas somente representantes que comparecessem à reunião poderiam decidir. Havia rotatividade para que estes não detivessem poderes especiais. O objetivo principal do conselho era coordenar o trabalho dos diversos grupos do OWS e as finanças do movimento; contudo, vários problemas comprometeram sua formação, composição e funcionamento:

> Houve falhas fundamentais na execução do *spokes*. Primeiro, houve a questão da associação [*membership*]. [...] Segundo, houve a relação do *spokes* com a [NYC]GA. [...] nós criamos corpos em concorrência

> [*dueling bodies*], com os mesmos poderes. Terceiro, nós não definimos os Acordos de Comunidade [do Occupy Wall Street] e nem implementamos um processo de responsabilização e prestação de contas [*accountability process*] cedo suficiente na criação do *spokes*. [...] Ao contrário, nós nos tornamos enredados numa guerra em relação à associação, o que deixou muitas vítimas (Holmes, 2012, p. 157; acréscimo meu)[17].

- Grupos de afinidade (*affinity group*): tradicionalmente, as bases de um grupo de afinidade são interesses e/ou objetivos em comum e seu grau de formalidade é relativo. Às vezes, o grupo existe sem "prazo de validade"; às vezes, existe para uma ação ou protesto pontual. No OWS, os grupos de afinidade sempre existiram, mas ganharam maior importância com o fim da ocupação no Zuccotti Park. Com a diminuição do ritmo dos grupos de trabalho e a falência da NYCGA e do conselho, os grupos de afinidade foram o que restou do OWS. Passaram, então, a deter um caráter mais "interdisciplinar" e uma prática direcionada a algum projeto. Não é possível uma definição precisa do que é um grupo de afinidade, pois este depende muito dos próprios sujeitos envolvidos. Mas sua plasticidade evidencia algo importante: "Eu apenas gostava do que eles estavam fazendo, eu gostava de como eles estavam fazendo e a gente trabalhava muito bem juntos" – assim Becky Wartell, uma *occupier*, definiu seu grupo de afinidade. "Eles se tornaram meus amigos mais próximos". As relações interpessoais contavam muito no OWS.

Mesmo abarcando várias dimensões do movimento em seu dia a dia, a estrutura adotada pelo OWS deixava espaço para improvisações, criatividade e autonomia. Muitos *occupiers* viam

---

[17] Acordos de Comunidade do Occupy Wall Street [*Occupy Wall Street Community Agreement*] foram aprovados no conselho somente no dia 22 de fevereiro de 2012, quando a ocupação não mais existia, e pouco efeito surtiram no movimento.

nessa dinâmica a própria vitalidade da ocupação e a essência do movimento.

> Cada encontro era uma conversa, então eu lembro de encontrar com pessoas que eu tinha acabado de conhecer, no comecinho, e de perceber que a dinâmica dentro dos GTs [grupos de trabalho] não estava funcionando dentro da assembleia... e aí eu falei e um cara que eu mal conhecia virou pra mim: "também acho". E aí a gente ficou confabulando um tempão uma metodologia, como fazer os GTs se encontrarem fora da assembleia e, no final, não era só a gente que estava pensando nisso. (...) [O Occupy] Era uma coisa mais social... Acho que isso empoderava, acho que por isso que as ideias eram tão fortes, por isso que eu sentia essa sensação de que eu poderia virar pra qualquer pessoa e ter uma ideia e fazer essas ideias acontecerem (entrevista Vanessa Zettler, 2015; acréscimos meus).

Ao longo das páginas a seguir, têm centralidade as consequências da estrutura adotada na trajetória do movimento – o segredo do OWS está, afinal, na forma do OWS. O próximo capítulo situa aspectos de tal estrutura em um contexto histórico mais amplo para que se visualize sua marca na esquerda estadunidense e recorrentes dilemas relacionados à democracia fora das instituições.

CAPÍTULO 2

EM BUSCA DO PASSADO DO *OCCUPY WALL STREET*

> *"eu estava na Califórnia no período, voltando para Nova York lá para o final, meio de agosto, algo assim, e ele disse 'ah, você tem que ver isso, eles parecem com a gente, só que... como a gente fazia na Direct Action Network, só que eles são mais jovens'" (entrevista Marina Sitrin)*

Grande parte do apelo do OWS estava em sua "novidade". O movimento propunha o "nascimento de uma nova era da política" (Nugent, 2012, p. 281) – onde não havia a busca por nenhum objetivo ou demanda específicos. Valorizava-se um modo particular de se relacionar em meio às suas fileiras, com diálogo constante e intenso como elemento fundamental. Uma sensação de ruptura com o que se havia visto e vivido anteriormente foi, de fato, experimentada por muitos *occupiers:*

> Tanta gente no Occupy calhou de dizer isso, "eu esperei a minha vida toda por isso, eu nem sabia que eu estava procurando por isso". Quer dizer... quando eu mudei para Nova York, eu tinha lido todas as histórias, [...] eu queria aquilo [cena punk-rock crítica e ativista], mas tudo que você tem aqui, tudo o que você encontra é trabalho, aluguel alto, comida cara, nenhuma porra de alívio, nenhuma porra de comunidade e aqui nós estamos, nós começamos a fazer essa coisa... (entrevista Harrison Schultz, 2015; acréscimo meu).

Embora certos *occupiers* possam ter percebido tudo aquilo como "novo", e embora a mídia e o próprio movimento tenham se utilizado de tal discurso, considera-se ao longo das próximas páginas uma perspectiva histórica mais ampla. Quando se trata de política e movimentos sociais, questões antigas e dilemas do passado podem reaparecer no presente ou perdurar de maneira velada. Com o OWS não seria diferente. A permanência de uma ocupação nas redondezas de Wall Street, ao longo de quase dois meses, decerto pode ser considerada uma surpresa. Contudo, certos traços do OWS são reconhecidos em movimentos de outrora.

Para demonstrar tal afirmação, este capítulo discute o movimento altermundialista, cujo auge se deu no fim do século XX e início do século XXI. A discussão sobre este movimento transnacional considera, em maior detalhe, o contexto dos Estados Unidos e de Nova York, de modo a iluminar aspectos relevantes em uma análise do OWS. O capítulo também traz um breve histórico da *democracia participativa*, bandeira surgida nos Estados Unidos nos anos 1960, e seu desenvolvimento ao longo da segunda metade do século XX.

Desvelar um passado distante do OWS é muito mais do que matar a curiosidade ou ostentar conhecimento. O retrospecto revela que o OWS não era uma "novidade" e permite antecipar certas armadilhas relativas à estrutura de organização – tanto salientada no capítulo anterior – que o movimento haveria de enfrentar.

2.1 UM MOVIMENTO DE MOVIMENTOS

Conforme pontuado no capítulo primeiro, a proposta inicial para ocupar Wall Street partiu da revista canadense *Adbusters*. Junto à ilustração provocativa, retratada na Introdução como Figura 1, o cartaz de divulgação indaga: "Qual é a sua demanda?". Sabe-se da exposição anterior que a definição de quaisquer demandas a serem apresentadas ao governo terminou descartada pelo OWS quando a ocupação se concretizou. Contudo, cabe considerar o chamado original e completo da revista, com sua explicação detalhada das razões para se adotar uma só demanda.

Em meados de 2011, uma demanda única justificava-se em função do que havia acontecido no Egito no início do ano, quando uma mobilização massiva mirou o então presidente do país, Hosni Mubarak, levando à sua deposição. A utilização de espaços públicos como elemento constitutivo dos protestos tinha se provado eficaz – o que foi sublinhado nos eventos ocorridos na Espanha em sequência ao levante egípcio. *Madrileños* utilizaram-se de *acampadas* para expressar sua profunda insatisfação, expondo o excessivo poder do capital financeiro, as consequências da severa crise econômica e as subsequentes políticas de austeridade levadas a cabo pelo governo. Segundo a *Adbusters*, ativistas da América do Norte deveriam se atentar às oportunidades abertas nesse novo momento histórico, no qual ter uma única demanda significaria "Uma mudança nas táticas revolucionárias".

Mas o que exatamente significa "mudança nas táticas" nesse caso? As seguintes afirmações constam na análise da *Adbusters:*

> O movimento antiglobalização[18] foi o primeiro passo na estrada. Naquela época, nosso modelo era atacar o sistema como uma matilha de lobos. Havia um macho alfa, um lobo que liderava a matilha, e aqueles que o seguiam. Agora, o modelo evoluiu. Hoje, nós somos um grande enxame de pessoas.

Ocupar Wall Street é concebido como um resultado em potencial, ponto de chegada ou o desenvolvimento de um processo iniciado anteriormente. Especificamente, OWS é comparado ao movimento altermundialista ("antiglobalização"), cuja época de ouro se deu em meados dos anos 1990 e início dos anos 2000. A letra do texto revela que as conexões entre os dois movimentos se colocam de modo bem específico: o aspecto central é como "atacar o sistema".

Nos anos 1990 é possível distinguir uma rede transnacional que agregava não só movimentos sociais relacionados a diversas

---

[18] O movimento altermundialista aqui discutido é conhecido por diversos nomes entre ativistas – como *movimento altermundialista, movimento antiglobalização, movimento de justiça global, movimento de movimentos* ou mesmo somente *o movimento*. Minha opção por utilizar *movimento altermundialista* inspira-se no famoso mote de oposição ao neoliberalismo, muitas vezes tomado como a única alternativa histórica existente: *"um outro mundo é possível".*

identidades (movimentos feminista, negro, LGBTQI+, indígena ou de povos originários, pacifista ou antiguerra, ambiental, de camponeses e trabalhadores rurais etc.), como também sindicatos, partidos políticos e organizações não governamentais. Por vezes, as linhas dessa rede alargavam-se e, em certos locais, envolviam agências doadoras não governamentais, instituições intergovernamentais e mesmo pequenas empresas. Tais grupos e movimentos construíram alianças baseadas em suas críticas ao neoliberalismo – que então entrara em um novo estágio – e aos tratados de comércio internacional que "haviam crescentemente se transformado em proeminentes palcos para a batalha de ideias sobre o futuro da globalização e da governança global, indo muito além das discussões tradicionais sobre cotas e tarifas" (von Bülow, 2014, p. 10).

Esforços e avanços rumo à constituição de uma arena internacional, na qual organizações pudessem se congregar e conceber uma prática conjunta, existiram antes mesmo dos anos 1990, porque a internacionalização da atuação política sempre esteve no horizonte de diversos grupos[19]. Somente em meados da década de 1990, porém, a mobilização em resposta aos acordos comerciais internacionais ficou mais forte e o engajamento de indivíduos e grupos, mais consistente. A acumulação de experiências prévias, a intensificação de protestos e outras ações de oposição ao neoliberalismo, assim como a percepção da existência de laços entre os participantes – individuais ou coletivos – finalmente revelou algo que se configurava como um movimento, chamado então de movimento altermundialista[20].

---

[19] Se considerarmos os anos 1970 e 1980, por exemplo, nota-se que os chamados novos movimentos sociais, caracterizados pelas pautas identitárias e pela constituição de espaços próprios, transbordavam para o nível global (*cf.* Azzi, 2007; Pianta; Marchetti, 2007).

[20] Ainda que se use *meados dos anos 1990, início dos anos 2000* como referência temporal, é muito difícil definir um momento preciso em que o movimento altermundialista teve início. Certos eventos podem ser considerados como marcos, auxiliando a sua compreensão: a emergência do movimento zapatista em 1994 e o Encontro Intergaláctico pela Humanidade e contra o Neoliberalismo organizado pelos zapatistas em 1996; a fundação da rede transnacional chamada *People's Global Action* em Genebra, no ano de 1998; a famosa Batalha de Seattle, quando manifestantes impossibilitaram as reuniões da cúpula da Organização Mundial do Comércio (OMC) em 1999 – conforme referido adiante.

> A autocompreensão do movimento contra a liberalização econômica ("antiglobalização") era a de que tinha reunificado o movimento social que se cindira nos anos 1970. Naquela década, as lutas dos negros, das mulheres e dos estudantes tinham se fragmentado, emancipando-se da força unificadora do movimento operário. O neoliberalismo afetava simultaneamente as mulheres, que trabalhavam em más condições nas manufaturas de países em desenvolvimento [*sweatshops*]; os trabalhadores, que perdiam direitos para que os Estados nacionais pudessem atrair investimentos; e o meio ambiente, que perdia instrumentos legais de proteção para permitir a expansão de empreendimentos econômicos. Esse amplo espectro de efeitos permitia que fosse forjada sobre eles uma unidade de luta que tinha por objetivo barrar o neoliberalismo (Ortellado, 2013, p. 230).

Desde o início, a diversidade foi um aspecto bastante celebrado nos círculos altermundialistas. Neles se acomodavam não só uma variedade de movimentos, conforme explicitado, como também uma gama de posições dentro do amplo espectro político da esquerda – reformista, progressista, radical. Variadas abordagens no que diz respeito à condução da resistência e luta contra o neoliberalismo eram igualmente percebidas.

O movimento altermundialista seguiu três vias simultaneamente – ainda que seus membros tenham dedicado atenção e energia para cada uma delas de acordo com seus interesses, perfis, valores, visão política etc.

A primeira é o *lobby* institucional – isto é, a pressão sobre governantes e/ou instituições governamentais, seja a favor ou contra políticas relacionadas à agenda ampla de oposição ao neoliberalismo. A segunda é a realização de protestos, marchas, comícios e outros tipos de evento público – especialmente com forte traço performático ou mesmo carnavalesco, por meio de esquetes teatrais, fantasias, marionetes gigantes etc., visando grande impacto e, se possível, interrupção completa da rotina do local de realização do ato. A terceira é o estabelecimento de espaços para a troca de ideias, experiências, contatos e também planejamento em geral. O mais famoso dos espaços altermundialistas é o Fórum Social Mundial (FSM), nascido em 2001, em Porto Alegre, como celebração de um modo então "inovador" de fazer política (*cf.* Pleyers, 2010).

Participantes do movimento altermundialista, geralmente, transitavam em mais de uma das vias elencadas anteriormente, de modo que indivíduos, grupos, coletivos e organizações que o compunham se encontravam, interagiam e se sobrepunham ao levarem a cabo suas ações e seus projetos.

O movimento prezava a horizontalidade entre os "submovimentos" e não contava com uma sede ou um organismo formal de decisão centralizada. Almejava um modelo de democracia que não se restringia às instituições – embora não existisse uma única visão para o futuro. Além disso, legitimava o princípio da ação direta – embora protestos que envolviam formas de destruição de propriedade privada e/ou "violência" tenham suscitado calorosos debates, controvérsia reiterada com o OWS nos anos seguintes. Era subentendido que indivíduos, grupos, coletivos e organizações, ao se juntarem a este "movimento de movimentos", concordavam em respeitar o arranjo citado – mesmo que, fora dos círculos altermundialistas, seu posicionamento fosse distinto.

Muitas críticas foram destiladas ao caminho de três vias do movimento altermundialista. Por exemplo, o quanto a dedicação ao *lobby* e a busca de diálogo com representantes institucionais marginalizava ativistas envolvidos com atividades cotidianas. Outras críticas ressaltavam o destaque daqueles e daquelas de origem europeia e, em menor medida, de origem latino-americana – sobretudo em comparação ao contingente de representantes de Ásia e África.

Grande parte dos questionamentos centrava-se no Fórum Social Mundial e seu significado político – deveria o FSM ser um espaço ou um ator político em si? Esta indagação demonstra que, a despeito da destacada posição do movimento altermundialista na esquerda mundial dos anos 2000, havia ainda muitas dúvidas e discordâncias em relação aos seus aspectos básicos. De um lado, certos ativistas pensavam que o FSM e todo o movimento altermundialista cumpriam o propósito de fortalecer conexões entre "submovimentos" e perturbar o consenso em torno do neoliberalismo. De outro lado, havia os que defendiam que o FSM e o movimento altermundialista, como um todo, deveriam conceber e implementar uma agenda política (*cf.* Arias, 2011).

Tal controvérsia nunca foi resolvida. Sendo assim, quando, em 2011, a revista *Adbusters* lançou o desafio de ocupar Wall Street sob uma única demanda, o chamado não só identificava como tentava solucionar um dilema anterior. Adotar uma demanda comum era, enfim, maneira de prover foco à mobilização, ao mesmo tempo em que preservava o caráter massivo e transformador do que estava por vir – "um enxame de pessoas", segundo o chamado.

Conforme fica evidente nos capítulos seguintes, o OWS foi incapaz de resolver esse dilema a contento. Nele, igualmente despontou a tensão entre *processo* e *resultado* (*cf.* Ortellado, 2013) – ou seja, *occupiers* também se dividiram entre, de um lado, apontar o encontro e a troca entre ativistas como relevantes em si mesmos na luta contra o sistema e, de outro, sublinhar a necessidade de se obter um sucesso tangível como fruto das atividades do movimento.

Existe uma maneira de trabalhar a tensão citada?

> Os procedimentos adotados para os fóruns sociais, que minimizam a delegação e confiam às sessões plenárias a soberania, que diluem as fronteiras de pertencimento ao privilegiarem a extensão da rede para a construção de uma organização... são todos tentativas para permitir a coexistência pacífica entre os diferentes parceiros envolvidos nestes eventos. A democracia reflete, portanto, menos as preocupações ideológicas ou éticas do que as necessidades práticas: construir um espaço de cooperação excluindo os conflitos de representatividade e descartando – temporariamente – a questão sobre quem fala para o grupo, deixando aos mais relutantes a possibilidade de estar por vezes

[à la fois] participando do movimento e exterior ao mesmo (Agrikoliansky, 2007, p. 40).

Em síntese, o movimento altermundialista introduziu uma estrutura de organização na qual muitos e muitas podiam conviver – mesmo com distintos interesses e prioridades. Desenha-se aí esboços de um modelo de democracia – fundamentalmente como pilar de organização interna – a ser retomado pelo OWS cerca de uma década depois.

2.2 O ALTERMUNDIALISMO NOS ESTADOS UNIDOS E EM NOVA YORK: O LEGADO DA *DIRECT ACTION NETWORK*

Se o neoliberalismo ofereceu motivação, razões e condições para o surgimento de um movimento que se reivindicava global, como o altermundialista, o contexto nacional foi essencial para o modo como bandeiras e táticas foram incorporadas em cada localidade, e como se deu a relação do movimento com seus aliados, por um lado, e o confronto com seus inimigos, por outro.

Para uma inicial percepção das particularidades dos "altermundialismos", basta considerar que o movimento, nos Estados Unidos, não recebeu o mesmo grau de atenção que na América Latina e Europa. A literatura especializada é relativamente distante do altermundialismo na América do Norte – apesar da contribuição crucial de ativistas dos Estados Unidos e do Canadá para um dos marcos do movimento, a chamada Batalha de Seattle.

Entre os dias de 30 de novembro a 3 de dezembro de 1999, nessa cidade, milhares de manifestantes tumultuaram as reuniões da Organização Mundial de Comércio (OMC) com protestos simultâneos, bloqueio de vias, confronto com a polícia, ataque a fachadas de bancos e grandes lojas e outros métodos comumente considerados radicais. O centro transformou-se em praça de guerra, de modo que as negociações foram então canceladas.

Menos sabido – mas bem documentado – é o fato de que a vasta maioria dos manifestantes em Seattle veio dos Estados Unidos. Uma menor, mas ainda significante, proporção era do nordeste canadense e números insignificantes viajaram para Seattle do sul global [...]. Mas ao que o século XX chegou ao final, foram principalmente os cidadãos no coração do capitalismo global que produziram o protesto mais espetacular até hoje *contra* o capitalismo (Hadden; Tarrow, 2007, p. 211; grifo da edição original)[21].

O silêncio em relação à atuação de ativistas estadunidenses expressa um cenário único: enquanto o movimento altermundialista se expandiu na Europa, em sequência à Batalha de Seattle, estagnou-se nos Estados Unidos. Não tiveram lugar no país as manifestações espetaculares vistas na Europa, em especial em Genova, na Itália, em 2002, que capturaram a atenção da mídia e da academia.

Altermundialistas estadunidenses desenvolveram saliente crítica à prática de *summit hoping* – isto é, a participação recorrente nas manifestações grandiosas contra as reuniões internacionais de cúpula ao longo dos anos 2000. Contudo, tal crítica não impediu que eles permanecessem em contato com a rede transnacional que se formara. Sucedeu que o altermundialismo seguiu um caminho particular nos Estados Unidos.

O movimento altermundialista estadunidense falava de temas globais, como o crescente poder de bancos, corporações e instituições – por exemplo, o Fundo Monetário Internacional e o Banco Mundial – sob o regime neoliberal. A preocupação fundamental era, porém, com os efeitos do neoliberalismo nas comunidades das quais fazia parte.

O foco doméstico do movimento altermundialista estadunidense fez com que ele se desmembrasse em mais de uma iniciativa

---

[21] Edelman (2009) desafia a tese de Hadden e Tarrow de que houve insignificante participação do sul global nos eventos em Seattle, apresentando debates e atividades desenvolvidas por movimentos de camponeses e trabalhadores rurais durante aqueles dias de 30 de novembro a 3 de dezembro de 1999. Para ele, falar em significância ou insignificância da participação somente a partir de números é uma posição extremamente limitada. A ressalva não invalida, todavia, que ativistas da América do Norte foram importantíssimos na Batalha de Seattle.

ao redor do país, de modo que indivíduos e grupos espalhados nas cidades, Estados e regiões dos Estados Unidos absorveram de maneiras distintas a experiência da rede transnacional – em especial as reflexões sobre o papel do FSM e de fóruns regionais, a utilização de métodos considerados "violentos" e o protagonismo de segmentos sociais historicamente marginalizados, como indígenas, negros e negras. Aqui, vale considerar uma das trajetórias do altermundialismo nos Estados Unidos[22].

À sua concepção, "Seattle" propunha-se como um enorme encontro de indivíduos e grupos de todas as partes do país e do mundo e a chamada *Direct Action Network* (DAN) emergiu com o objetivo específico de realizar os planos arquitetados para os dias em que manifestantes demonstrariam seu rechaço às negociações encabeçadas pela OMC.

A DAN era constituída de ativistas de várias localidades dos Estados Unidos e atuou de maneira descentralizada na coordenação dos grupos de afinidade que então tomavam as ruas, contribuindo também na infraestrutura montada na cidade em suporte aos manifestantes – centro de mídia, clínica médica, assessoria jurídica, pontos de repouso etc. Quando os protestos contra a OMC foram concluídos, os ativistas que à DAN se juntaram estabeleceram como tarefa carregar consigo, de volta para "casa", o legado de democracia direta e ação direta que consideravam tão característico dos eventos em Seattle.

Em meio a diversas "filiais" da DAN que se espalharam pelos Estados Unidos, aquela estabelecida em Nova York trilhou um caminho particular:

> Quando a DAN foi formada, seus laços fortes eram principalmente com ativistas e organizações de ação direta, brancos, jovens e radicais, cuja influência era mútua. Nesse contexto, os ativistas

---

[22] Para uma visão das particularidades do movimento altermundialista nos Estados Unidos, sobretudo a maneira como um Fórum Social regional foi ali constituído, pode-se consultar Hadden and Tarrow (2007); Smith; Juris; Social Forum Research Collective (2008); Juris; Bushell; Doran; Judge; Lubitow; Maccormack; Prener (2014); Juris (2008); Duda (2012).

> da DAN-NYC tinham relativamente poucos laços com outras comunidades. Isso significava que, desde o seu início, a DAN operava principalmente dentro de um grupo isolado de organizações de ação direta e estava mais hábil para experimentar com as táticas de Seattle. [...] Apesar de terem tentado um programa estruturado de divulgação e de terem frequentemente conseguido atrair participantes de outras comunidades, a DAN permanece vinculada à demografia e à subcultura política de seus participantes fundadores. [...] Como muitos participantes da DAN não representavam organizações, a coalizão de grupos antes almejada rapidamente se tornou uma organização em si mesma. [...] Depois que a DAN evoluiu para uma organização, alguns laços fracos foram estabelecidos e mantidos por meio do desenvolvimento de grupos de trabalho baseados em temas específicos (Wood, 2012, p. 70-72).

Em vez de conduzir campanhas e protestos próprios, ativistas da DAN-NYC uniram-se a grupos existentes na cidade para então fomentar o "espírito" de Seattle. A preocupação dos altermundialistas residentes na *Big Apple* centrou-se inicialmente em disseminar táticas que em Seattle foram utilizadas – por exemplo, "marionetes gigantes, *black bloc*, *cheerleaders* radicais, bloqueio [de ruas e avenidas] e organização através de grupos de afinidade" (Wood, 2012, p. 44-45; acréscimo meu).

Aos poucos, presentes em iniciativas relacionadas a uma infinidade de temas relevantes à esquerda na cidade – por exemplo, condições precárias de trabalho nas manufaturas de países em desenvolvimento (*sweatshops*), brutalidade policial, direitos dos imigrantes, questões ambientais, jardins comunitários, defesa de espaços púbicos –, ativistas da DAN-NYC estabeleceram como estratégia "contaminar" os grupos com quem entravam em parceria. Até sua formal dissolução em 2003, o objetivo era "criar modelos dramáticos de auto-organização que outros poderiam ser inspirados a imitar, caso fosse inevitavelmente assumido, em seus próprios modos idiossincráticos" (Graeber, 2009, p. 28).

Ativistas da DAN-NYC desenvolviam seu trabalho levando as "dinâmicas de reunião extremamente a sério" (Graeber, 2009, p. 28).

Várias vezes durante a reunião que eu observei, quando seria fácil para alguém intervir e impor uma solução com a qual as pessoas provavelmente não teriam ficado infelizes no final, os participantes ainda assim se atinham ao procedimento estabelecido. Eles se desculpavam quando pulavam a fila. Eles levantavam questões sobre o processo e pareciam genuinamente interessados quando outros o faziam. *Um ativista dos anos 1960 ficaria surpreso com a parafernália processual que acompanha o processo democrático de tomada de decisão de hoje. Há papeis formais no processo – marcador de tempo, marcador de inscrições, facilitador, observador do humor coletivo [vibes watcher] – e sinais gestuais sofisticados. Balançar os dedos como se estivesse tocando um piano no ar ("twinkling") sinaliza acordo com uma questão levantada; fazer um triângulo no ar com o dedo indicador e o polegar das duas mãos indica preocupação sobre se o processo de deliberação está saindo de acordo com o formato; um punho levantado indica a intenção de alguém em bloquear uma decisão.* Há toda uma literatura sobre processo de tomada de decisão por consenso também, disponível em manuais e panfletos, sites e revistas. Autores debatem as justificativas para o formato e especificam maneiras de registrar dissenso e estabelecem formas de fazê-lo: de "não-apoio ('Eu não vejo necessidade para isso, mas eu acompanharei')" até "reserva ('Eu acho que isso pode ser um erro, mas eu posso conviver com isso')", colocar-se à margem, bloquear ("Eu não posso apoiar isso ou deixar o grupo apoiar isso. É imoral") e retirar-se do grupo. Há alertas em relação ao que evitar: "Defensiva", "Falar em letras maiúsculas", "Falar pelos outros", "Preciosismo" [*Nitpicking*], "Reafirmar – especialmente o que uma mulher acabou de falar de forma perfeitamente clara". Há programas de treinamento para facilitadores e diferentes "escolas" de facilitação (Polletta, 2002, p. 190-191; grifo meu).

É um equívoco considerar que se trata somente de um jeito de "fazer reunião". Segundo um membro da DAN-NYC:

> [...] esse é um movimento sobre a reinvenção da democracia. Não é oposto à organização. É sobre criar novas formas de organização. Não lhe falta ideologia. Estas novas formas de organização *são* sua ideologia. É sobre criar e instaurar redes horizontais ao invés de estruturas de cima para baixo, como Estados, partidos e corporações; redes baseadas em princípios de democracia consensual, descentralizada e não-hierárquica. No fim das contas, ele aspira ser muito mais do que isso, porque, no final, ele aspira reinventar a vida diária como um todo (Graeber, 2002, p. 70; grifo na edição original).

Em Nova York, portanto, o movimento altermundialista, na figura da DAN-NYC, foi ainda mais a fundo na crítica à democracia representativa das instituições vigentes. Não se tratava somente de estabelecer parâmetros para o funcionamento mais horizontal e igualitário do movimento; tratava-se, sobretudo, de conceber todo um modo de vida horizontal e igualitário – e, logo, completamente democrático, segundo acreditavam.

Ecos da atuação da DAN-NYC no que se passou mais tarde no Zuccotti Park são visíveis. O mais importante denominador comum, todavia, era a busca pelo exercício constante de uma alternativa à "democracia realmente existente". O mesmo membro da DAN-NYC retratado acima refere-se ao OWS, uma década depois, da seguinte maneira:

> Como resultado, o Zuccotti Park, e todos os acampamentos subsequentes, tornou-se espaços de experimentação de criação de instituições de uma nova sociedade – não somente Assembleias Gerais democráticas, mas cozinhas, livrarias, clínicas, centros de mídia e hospedeiro de outras instituições, todas operando segundo princípios anarquistas de ajuda mútua e auto-organização: uma tentativa genuína de criar as instituições de uma nova sociedade na concha da velha (Graeber, 2012, p. 145).

Semelhanças entre DAN-NYC e OWS colocam em xeque a "novidade" reivindicada pelo último. Também levam a refletir sobre a razão do intervalo de uma década entre um movimento e outro – sobretudo considerando que a DAN-NYC, mesmo pequena, se tornou uma organização de destaque na cidade, com grande peso na cultura política local (*cf*. Graeber, 2009; Wood, 2012). Por que a emergência de projeto semelhante dez anos depois? Por que tal modelo contrário aos moldes da esquerda tradicional, um modelo que então se mostrava auspicioso, simplesmente não prosseguiu seu curso?

A existência de "mentores" ou ativistas mais experientes a auxiliarem aqueles e aquelas com menos vivência é comumente ressaltada para explicar a conexão entre movimentos sociais em momentos históricos distintos (*cf*. Meyer; Whittier, 1994). Em relação ao caso aqui considerado, é fácil apontar indivíduos da antiga DAN-NYC que tiveram grande impacto na trajetória do OWS em função de sua presença assídua nas reuniões de planejamento, sua capacidade de mobilizar contatos e recursos para o Zuccotti Park, ou mesmo seu prestígio. Apesar disso, o caminho do movimento que surgiu em 2011 nem de longe pode ser reduzido à atuação de veteranos da DAN-NYC. Atribuir somente à sagacidade de certos ativistas a criação de um levante como o OWS seria o mesmo que ignorar que este era composto de inúmeras tradições políticas e de movimentos sociais desde seu início – conforme estabelecido no primeiro capítulo deste livro[23].

Um conjunto de fatores recolocou em pauta o modelo de democracia aqui considerado. Para elucidá-los, é preciso, primeiramente, considerar o imenso impacto causado pelo ataque às torres gêmeas do World Trade Center, em 11 de setembro de 2001.

---

[23] Conforme considerado em maior detalhe nos próximos capítulos, a estrutura de organização do OWS permitia grande latitude aos indivíduos que a ele se juntaram, de modo que a agência de ativistas em muito moldou os rumos do movimento. O que não faz sentido, todavia, é atribuir uma superpotência aos *occupiers*, em especial em uma análise na qual se leva em consideração o passo da economia e das instituições do Estado, o desenvolvimento da esquerda e da sociedade norte-americana ao longo da segunda metade do século XX, a concatenação entre o nível nacional e o nível internacional.

O evento fortaleceu o discurso nacionalista no país, desencorajando qualquer crítica aos Estados Unidos e ao processo (neoliberal) de globalização. A partir daí, os argumentos do movimento altermundialista foram, pouco a pouco, isolados e mesmo ativamente desacreditados; por conseguinte, suas discussões distanciaram-se cada vez mais do público ordinário.

O ataque às torres também significou expansão e fortalecimento do aparelho repressor, de modo que a polícia adquiriu contornos mais militares, sobretudo nos grandes centros urbanos – como Nova York. Quaisquer manifestações de dissenso eram estritamente monitoradas e recebiam violenta resposta das autoridades, em muito dificultando as atividades de coletivos que colocavam ação direta no centro de sua atuação – como o fazia a DAN-NYC.

Os ativistas, então, dissolveram-se nos grupos com os quais vinham trabalhando desde o retorno de Seattle e no movimento antiguerra emergente em sequência ao 11 de setembro. As grandes mobilizações da esquerda na cidade – e mesmo no país – passaram a ser encabeçadas pelos que privilegiavam táticas consideradas menos "arriscadas" e mantinham as instituições do Estado em seu horizonte – como sindicatos, organizações não governamentais e grandes organizações comunitárias.

Apesar da hostilidade do novo cenário, ativistas que formaram a DAN-NYC continuaram, em geral, mobilizados. Levaram a experiência adquirida ao longo dos últimos anos para seus "novos" movimentos, seus nichos de atividade, mas sua abordagem passou para os bastidores da luta, como uma espécie de modelo secundário de ativismo e militância política. Por cerca de dez anos, coube aos altermundialistas que prezavam os modelos de auto-organização característicos da DAN-NYC compor fileiras ou oferecer suporte, na forma de canais de comunicação e coordenação, para protestos cujos holofotes eram, ao fim, direcionados para organizações com ideais distintos dos seus. As marchas contra a Guerra do Iraque em 2003 são emblemáticas de tal dinâmica[24].

---

[24] É importante salientar que o movimento altermundialista era composto de diversas perspectivas dentro do espectro da esquerda – ou "três vias", conforme explicado no item anterior e, assim,

Passada uma década, houve, enfim, abertura para outras ideias e outros métodos, proporcionada, em grande medida, pela acumulação de fracassos e frustrações.

Eu acho que especialmente saindo da Guerra do Iraque, acho que a mais alta liderança estratégica que puxou muito da organização [do movimento] antiguerra, a liderança estratégica daquilo foi só desastres, só tendo essas marchas em Washington D.C. no fim de semana, sabe... [...] Então, o que nós precisávamos era um movimento anti-imperialista popular [*populist*] legítimo e eu penso que os anarquistas poderiam ter organizado isso, ao invés disso, o que tivemos foram os liberais que terminaram com "paz" e não com "justiça social" [como mote], a multidão tendia a ter uma mentalidade pacifista liberal. Eles organizaram a coalizão antiguerra do Primeiro de Maio e os pequenos partidos sectários organizaram seus próprios grupos de oposição à guerra e havia tanto sentimento contra a guerra que eles poderiam atrair, até mesmo os sectários, eles poderiam atrair dezenas ou mesmo centenas de milhares de pessoas para protestar, mas havia esta organização de esquerda mais principista que tinha [...] análises e também queria mais confronto nas ruas e então houve um verdadeiro fracasso da política anarquista nos Estados Unidos... Então, a razão que eu mencionei tudo o que é nós tínhamos passado por uma década de todos esses vários esforços [*organizing*] e, claro, tantas pessoas colocaram sua energia em Obama, mesmo na esquerda, na esquerda radical, quando era claro que, olha, ele é apenas um gerente do Estado imperialista, o trabalho dele é colocar um rosto melhor no império no exterior, limpando a bagunça criada por Wall Street, atividades criminosas em casa e no exterior, ele vai seguir as políticas liberais... [...] então eu acho que, a essa altura, tantos segmentos

---

certos segmentos dele desfrutaram de maior destaque no período considerado, numa trajetória distinta daquela experimentada pelo setor aqui exemplificado pela DAN-NYC.

diferentes de progressistas, liberais, da esquerda tinham se anulado [*had scratched*] tanto na última década que as pessoas estavam dispostas a tentar algo novo (entrevista Arun Gupta, 2015).

A narrativa confirma a existência de contínuos atritos entre os setores da esquerda nos Estados Unidos (e em Nova York, claro) e o acúmulo de derrotas e dissabores ao longo da primeira década do século XXI. Mas a disposição para tentar algo novo não se sustentaria sozinha. É fundamental, também, considerar a existência de um contexto "favorável" a apresentar exemplos de como "fazer diferente". Sobre eles falou-se no capítulo anterior: a emergência da Primavera Árabe, a mobilização europeia, a "normalização" da ocupação do espaço público por meio da Bloombergville, o chamado para um acampamento em Wall Street e as conversas que seguiram. Estes foram importantes pontos de inflexão para que a disposição para o "novo", de fato, se realizasse.

A chegada a elementos expostos nas páginas anteriores indica o fechamento de um ciclo. O caminho conectando DAN-NYC e OWS não foi simples e direto – e nem é possível dizer que era inevitável. Seria preciso uma combinação de processos estruturais, nacional e internacionalmente, e a atuação de inúmeros sujeitos, individuais e coletivos, para que modelos de auto-organização reemergissem como alternativa "óbvia".

A comparação entre os dois, DAN-NYC e OWS, mostra que não se trata de movimentos idênticos, mas de movimentos que podem ser relacionados em função de seu projeto de democracia[25]. O vínculo entre eles, normalmente ignorado, ilumina aspectos

---

[25] É certo que se podem distinguir aspectos respectivos aos movimentos considerados, DAN-NYC e OWS, sobretudo em função do momento histórico em que emergem – aspectos que então modificam seus rumos e distanciam um do outro. Mais precisamente, um movimento despontou em um momento de ode à expansão mundial das finanças, contribuindo para levantar uma posição crítica a tal expansão; o outro, em um momento de eminente crise da economia ao redor do globo, contribuindo para questionar algumas escolhas relativas às medidas e às políticas adotadas, tanto na normalidade quanto na exceção. Um movimento emerge quando se testemunha em tempo real ao recrudescimento da política de repressão, inclusive dando estímulo a tal política; outro, quando a "tolerância zero" é a regra. Sendo assim, os dois movimentos terminam com ênfases particulares no que diz respeito, por exemplo, ao "inimigo" (corporações, bancos, "1%") e têm sua respectiva

fundamentais – e espinhosos – de tal projeto, que aqui muito interessam.

2.3 O VELHO DO NOVO

Embora o ataque às torres gêmeas seja um marco fundamental, não deve ser considerado o motivo principal ou único do encerramento formal da DAN-NYC em 2003. Fragilidades e contradições próprias da organização também propiciaram seu declínio.

A estratégia da DAN-NYC de "contaminar" outros grupos não oferecia aos ativistas referências claras em relação a como desenvolver suas atividades, especialmente em um contexto político perturbador. Por exemplo, se a questão era estimular a auto-organização, como avaliar iniciativas às quais unir forças ou como considerar grupos para eventuais alianças? Em meio às trocas e aos recorrentes contatos, atritos interpessoais se tornaram ainda mais longos e intensos; ativistas sentiam-se sujeitos às "panelinhas" e especulações, às intenções e ao caráter dos membros.

Onze de setembro também destacou os limites da proposta da DAN-NYC, pois não havia dúvida de que os grupos com os quais tentava parceria nem sempre estavam em posição de poder exercitá-la: "Quando aqueles que não têm privilégio branco começam a adotar tais [práticas] políticas, eles descobrem que enfrentam níveis de repressão policial completamente diferentes" (Graeber, 2009, p. 243; acréscimo meu).

Não é possível saber por quanto tempo a DAN-NYC prosseguiria se não fosse o ataque às torres gêmeas. Tampouco se pode adivinhar se outros fatores emergiriam para intensificar ou conter o processo considerado. Certos aspectos desse movimento, porém, são comuns a grupos e organizações que tentam forjar concepções e práticas de democracia que não se restringem ao voto e à representação. Quais as origens de tal tradição?

---

abordagem e seus respectivos destinos influenciados pela resposta que recebem das forças de repressão estatais e dos gerentes do capital.

Em 1962, a chamada *Students for a Democratic Society* (SDS), organização central na formação de uma "nova esquerda" nos Estados Unidos ou *New Left*, publica um manifesto analisando o momento histórico e uma agenda para o futuro (*cf.* Students for a Democratic Society, 1962). No centro da análise está a *apatia* dos cidadãos, como causa e efeito das condições sociais e políticas. Como alternativa, a SDS propõe uma *democracia participativa*. Em resposta ao manifesto, uma série de estudos, reflexões e práticas passaram a considerar a *participação* de indivíduos como central. Teóricos procuraram revelar (ou mesmo construir) as bases filosóficas de tal democracia (*cf.* Pateman, 1970; MacPherson, 1977; Barber, 2003); movimentos procuraram exercitar a participação clamada pela SDS.

Com isso, na esteira do manifesto da SDS e em meio à efervescência dos anos 1960 e 1970, vários projetos de democracia participativa floresceram, motivados por concepções distintas. Por um lado, certos indivíduos e grupos almejavam *mais* participação em meio a uma estrutura de representação existente ou reformulada – por exemplo, um governo que desse mais voz a cidadãos e cidadãs. Por outro, alguns propunham descartar quaisquer estruturas de representação e abolir a mediação entre "governantes" e "governados" – de modo que *participação* fosse, então, tomada como prática cotidiana. A segunda tendência, aqui denominada *democracia direta*, é relevante ao argumento deste livro.

Ao longo das décadas, várias correntes se misturaram na chamada *democracia direta*, como setores do movimento feminista radicalizados ao longo dos anos 1960 e 1970, o movimento anarquista forjado nos anos 1940 e 1950 – que não mais pregava insurreição ou disputa do movimento sindical – e o movimento pacifista emergente em oposição à corrida armamentista e consolidado por meio da contracultura (*cf.* Cornell, 2016). Comum a todas essas correntes era a tentativa de construir contra-instituições de modo horizontal, com adoção e reprodução de princípios e práticas que envolvessem convivência, comunicação e tomada de decisões não hierárquica e não autoritária[26].

Esforços continuaram ao longo dos anos 1980, embora o contexto nacional tenha mudado, levando ao isolamento dos grupos. Novas associações feministas, mais explicitamente anarquistas, e o movimento contra a indústria nuclear foram centrais na promoção da democracia direta nesse período (*cf.* Cornell, 2011; Cornell, 2016)[27].

Grupos como a DAN-NYC, que veio à luz ao fim do século XX, consideram crucial a consolidação de múltiplas contra-instituições simultaneamente, como parte de uma única luta. A DAN-NYC resgata a preocupação com o capitalismo e a luta de classes em um novo contexto de globalização e de crescente atenção à sobreposição dos sistemas de opressão, como o racismo, o patriarcado, etc., e suas consequências – refletindo a chamada interseccionalidade.

Em suas respectivas trajetórias, os movimentos voltados à democracia direta foram, em geral, "atormentados por persistentes e recorrentes padrões" (Taylor, 2013b, p. 92). Conforme salientado em relação à DAN-NYC, os problemas envolvem conflitos sobre tática e estratégia, controvérsias sobre os caminhos adequados para a expansão do movimento, polêmicas acerca da convivência entre ativistas e o esgotamento mental e emocional dos mesmos. À medida que grupos e organizações alinhados à democracia direta são distintos em seus projetos, é interessante que se encontre neles certos *padrões*. Estes só podem ser explicados pelo que há de comum entre eles: sua estrutura de organização – formalmente aberta, flexível, horizontal, sem líderes.

A estrutura de organização ou a "forma" de engajamento em ações coletivas costuma ser aspecto marginalizado nas discus-

---

[26] Como exemplos de contrainstituições nesse período, é possível considerar as clínicas para a saúde da mulher (*cf.* Ferree; Martin, 1995) e comunidades rurais sob a forma de comunas (*cf.* Boal; Stone; Watts; Winslow, 2012). Ainda, vale ressaltar o contato entre as correntes – nenhuma delas se desenvolveu de maneira totalmente isolada.

[27] Vale aqui o destaque para a *Movement for a New Society,* que formou diversas comunidades ao redor do país.

sões sobre movimentos sociais. Alguns analistas restringem-se a pontuar que o arranjo voluntário característico de movimentos sociais é distinto daquele típico de partidos políticos e sindicatos – sobre os quais a discussão sobre organização recai. Quando um movimento assume, em particular, a horizontalidade, raramente se considera o que pode se desenrolar a partir de tal escolha. No vácuo de reflexões minuciosas sobre estrutura de organização, outros simplesmente isolam a forma horizontal e a exaltam como uma reação às hierarquias e à esquerda tradicional. Associando a horizontalidade à inexistência de uma estrutura de organização, tomam movimentos tal qual o OWS como *"structurelessness"*.

É impossível, no entanto, que movimentos não formem estruturas de organização internamente. Não estabelecer estruturas *formais* não significa que não existam estruturas de organização em atuação. Ou seja, ainda que um grupo rechace hierarquias, papéis definidos e formalidades, ali se conformam relações, mecanismos, procedimentos – em suma, padrões – a influenciarem seu destino: "'Ausência de estrutura [*Structurelessness*]' é organizacionalmente impossível. Não podemos decidir se vai haver um grupo estruturado ou sem estruturas; somente se vai haver um [grupo] *formalmente* estruturado" (Freeman, 1972-1973, p. 152; grifo no original e acréscimo meu).

A identificação do OWS com o *novo* dificultou que ele se apropriasse de lições do passado e antecipasse armadilhas que afetaram tantos grupos e organizações que, antes dele, questionaram o paradigma de representação e buscaram construir todo um modo de vida igualitário[28]. Poucos *occupiers* concebiam suas conexões com outros movimentos, sobretudo com o hiato de dez anos em relação à última iniciativa de democracia direta de destaque. Outro fator relevante para o desenvolvimento de tais armadilhas foi a inesperada longevidade do OWS – mesmo com o planejamento de dois meses, ninguém acreditava que a ocupação na região do *Financial District* duraria mais que duas ou três noites.

---

[28] Decerto, também é evidenciada uma grande dificuldade de acumulação histórica e construção de memória coletiva em meio aos movimentos "sem estrutura".

> Eu estava imaginando três dias. O dia um vai ser tudo bem, dia dois haverá um pouco mais de pressão e dia três a polícia iria apenas foder tudo e descer o cassetete e todos nós iríamos ser presos. Eu não tinha ideia de que duraria tanto quanto durou. *Nós não estávamos preparados para o sucesso mesmo. Sucesso nunca ocorreu a qualquer um de nós* e eu realmente acho que foi uma grande razão para que as coisas corressem tão mal como eles acabaram correndo depois de um tempo (entrevista Chris, 2015; grifo meu).

Portanto, havia uma *imediata* associação entre *construir* o movimento e *realizar* o movimento – sem o benefício de reflexão e acúmulo de experiências que, por exemplo, gozou o movimento altermundialista. O que se conhece hoje como OWS se desenhou *ao mesmo tempo em que* ele se organizava interna e externamente. As linhas gerais foram estabelecidas desde o início, mas o OWS *acontecia* à medida que as pessoas se conheciam, coletivos se uniam, necessidades eram incorporadas para dar conta da constante mudança rápida do estado das coisas.

> [...] quando a gente se reunia lá no Tompkins, a gente estava se organizando para ocupação da Wall Street... E o chamado Occupy Wall Street era um chamado, não era o nome de um movimento, era um chamado, vamos, *go occupy Wall Street*, vai lá, ocupar, não era o nome de um movimento. E aí duas semanas a gente lá ocupando, o negócio virou um movimento, que não era, e ficou com o nome que já estava, inclusive que já tinha uma conta, já tinha uma *hashtag*, sabe... E eu me lembro de ter essa conversa, falar "nossa, mas espera, isso é um movimento? A gente precisa pensar num nome melhor pra ele", mas já era, a mídia já estava nesse nome, a internet já estava nesse nome, virou esse nome... E beleza, eu tomo isso como simbólico, copiar o [Occupy] Wall Street, e aí começou a ter várias variações com a simbologia desse ocupe, aí tinha todo aquele papo, ocupe sua vida, ocupe

> seu bloco, ocupe seu prédio etc., no sentido de...
> se empoderar e ser ativo, organizar a resistência
> (entrevista Vanessa Zettler, 2015; acréscimo meu).

Os próximos capítulos exploram as hierarquias informais que se estabeleceram no OWS em meio ao terreno fértil formado com a horizontalidade e a exaltação do "novo". Em primeiro lugar, é necessário questionar em que medida a estrutura de organização adotada foi capaz de suportar o peso de *classe, raça* e *gênero* no movimento.

CAPÍTULO 3

REVELANDO AS CONTRADIÇÕES DO *OCCUPY WALL STREET*

> *"Ai, Deus, então... não, não, não, de novo, isso é sobre a política do parque. Porque o parque em si tinha uma dinâmica política, porque, de novo, tudo que nós éramos era um microcosmo do mundo real" (entrevista Kitty, 2015)*

Em sua busca por um modelo de democracia crítico ao modelo representativo, o OWS almejava atingir muitas pessoas e utilizava expedientes particulares para promover o vínculo entre *occupiers* – por exemplo, o microfone humano destacado no depoimento a seguir.

A razão pela qual eu fui para o Occupy foi vivenciar as coisas que eu havia pensado, mas nunca tinha visto... e... novamente, eu achei que ia ser um dia, porque nós estávamos debatendo naquela época, na assembleia geral, a primeira assembleia geral do Occupy no Zuccotti Park, se nós iríamos ficar ou não. E eu me lembro... sabe... era tão complicado de falar, mas eu não estava... naquele momento, eu não havia sido esgotado pela assembleia geral, a gente vai chegar lá [nesse assunto], mas eu achei que era um processo tão legal, todo mundo teve a chance de falar e eu identificava hierarquia como um problema nas lutas sociais e... [um problema] em geral, então, ver o que parecia na hora como uma estrutura de organização não-hierárquica foi realmente empoderador para mim. E eu lembro que, uma hora, eu fui chamado e tudo o que eu disse foi... porque nós estávamos debatendo se nós iríamos para a área do *ferry* para [o distrito de] Staten Island ou se nós iríamos apenas ficar ali, se nós iríamos dormir em Wall Street aquela noite, e eu me lembro de dizer "eu não me importo aonde vamos, contanto que nós fiquemos juntos, porque se nós nos separarmos, então isso vai se dissolver". E ainda que seja uma frase meio vazia para se dizer, porque é tão óbvio, mas apenas o fato de eu conseguir dizer qualquer coisa e centenas de pessoas estarem ecoando a minha voz foi a coisa mais empoderadora que eu havia sentido aquele dia, com certeza, e me fez sentir que eu estava diretamente ligado à energia daquele dia, então eu não queria ir embora (entrevista Stefan Fink, 2015; acréscimos meus).

Assim como se passava com o movimento altermundialista, antes considerado, também havia valorização e celebração da diversidade no e do OWS:

O que foi empolgante para mim em relação ao Occupy foi a arte, meio que a atividade caótica, interessante, tipo 'uhu!', a pegada carnaval [*the carnival stuff*], não só marxistas velha guarda [*old school Marxists*] com a sua propaganda, isso não é interessante para mim, e "nós somos punk-a-narquistas!", isso não é interessante para mim. O que eu gostava sobre ele [OWS] era que estava em formação e era muito, para mim, utópico, como *"oh, tem intelectuais [scholars] aqui misturados com uma galera do sul e misturado com adolescentes", ainda não estava claramente definido, isso era divertido para mim, era interessante, por que eu não iria lá?* (entrevista Leina, 2015; grifo meu).

Em que pese a maneira como o movimento era comumente retratado, o objetivo deste capítulo é lançar um olhar crítico sobre a abertura, diversidade e horizontalidade características do OWS. É possível verificar que hierarquias se desenvolveram no interior de um movimento cuja proposta era ser não hierárquico. *Hierarquia* significa a existência de graus desiguais de influência, vantagem e, claro, poder. Dentro do OWS, *hierarquias* significaram divisão e estratificação de indivíduos e/ou grupos em posições distintas em relação uns aos outros, com sérios impactos no movimento como um todo.

A revelação de hierarquias dentro do OWS é uma discussão em dois atos, distribuída ao longo deste capítulo e do seguinte. Por um lado, as hierarquias são consideradas de acordo com determinantes macrossociais, relacionadas à maneira como se estrutura a sociedade capitalista, em geral, e a sociedade estadunidense, em particular; por outro, considera-se que as hierarquias subsistem, se desdobram e se recriam microssocialmente, no contato dos indivíduos – no caso, *occupiers*. Sendo assim, neste capítulo, utilizam-se os conceitos de *classe, gênero* e *raça* para falar sobre atritos, tensões e conflitos no OWS, com base nos relatos e nas percepções dos *occupiers* e das *occupiers* captadas por mim.

3.1 VIRALIZANDO NA INTERNET

Desde o chamado da revista *Adbusters* em julho de 2011 ressaltava-se que a proposta de uma ocupação em Wall Street era de interesse geral. Todos os problemas e todas as mazelas do mundo seriam explicadas pelo modo como o "sistema", na relação entre economia e política, estava estruturado. Todos os caminhos levariam, enfim, a Wall Street. O mote "nós somos os 99%" buscava sintetizar tal mensagem, acentuando a existência de um inimigo comum. Ela era reforçada à medida que o movimento, construído por meio de uma ocupação que surpreendentemente se efetivara, abraçava uma variedade de atores, bandeiras e pautas.

Mas o referencial *99% – 1%* existia bem antes da proposta de se ocupar Wall Street.

> O primeiro esforço para transformar as estatísticas em estratégia [de mobilização] teve início, ironicamente, em 15 de abril de 2009, a data dos protestos do Dia do Imposto do Tea Party em Washington, D.C. Chamando-se *The Other 98%*, um grupo de veteranos e ativistas anti-corporações do *Agit-Prop*

> Communications convocou um contraprotesto anti-Tea Party, pedindo aumentos de impostos sobre os *dois* por cento mais ricos, em conjunto com a preservação de programas federais para os 98% restantes. Eles prometiam um "lar político para a maioria silenciosa dos americanos que estão cansados do controle corporativo de Washington e... extremismo do Tea Party". *No entanto, a noção de "98%" nunca chegou a ser atingida, ao estar associada à cobrança de imposto progressivo, à advocacia anti-Tea Party e aos círculos políticos progressistas [institucionais]* (Gould-Wartofsky, 2015, p. 53-54; último grifo e acréscimo meus)[29].

A trajetória do mote 99% reflete exatamente a trajetória do OWS: para que emergisse com força e deixasse de ser uma iniciativa marginal, era preciso quebrar certas barreiras que separavam os interessados e as interessadas em uma mobilização de grande porte na cidade. A demanda por imposto progressivo, por exemplo, mantinha a conversa restrita a quem atribuía legitimidade, mesmo que mínima, aos canais institucionais. Logo precisaria ser abandonada para a formação de uma ampla aliança.

> As primeiras chamadas para um *movimento* dos 99%, em vez de um lobby dos 98%, apareceram em fevereiro de 2010, quando um blogueiro pouco conhecido, de nome David DeGraw, vagamente afiliado à rede Anonymous, publicou um manifesto no website AmpedStatus.com. Por um tempo, no entanto, o agitprop online permaneceria apenas isso. Com todas as grandes esperanças colocadas no potencial emancipatório da "Web 2.0" em 2010-2011, *logo se tornaria evidente que nenhum movimento nasceria de manifestos de um só homem circulando na "Nuvem" ["Cloud"]. Caberia a coalizões realmente existentes dar vida ao movimento dos*

---

[29] Vale também salientar que a divisão entre 99% e 1% era (ainda é) um componente central da elaboração teórica de certos economistas contemporâneos que analisam as dinâmicas do capitalismo do século XXI e se preocupam com o crescimento da desigualdade econômica desde a década de 1970 (*cf.* Piketty, 2014; Saez, 2013; Stiglitz, 2003).

> *"99%", trazendo-o para fora da nuvem e abaixo rumo à terra* (Gould-Wartofsky, 2015, p. 54-55; último grifo meu).

Utilizada aqui e acolá, a ideia dos 99% não era estranha a ativistas mais experientes, principalmente no estado de Nova York e arredores. O ponto de inflexão foi a associação da ideia a um movimento amplo e (teoricamente) inclusivo. O uso do pronome *nós* foi crucial na medida em que consolidou a potencialidade de identificação com o OWS.

A plasticidade do famoso mote é visualizada por meio dos diferentes (e muito variados) referenciais teóricos que puderam dele se aproximar e a ele se associar. É possível reconhecer, como um primeiro exemplo, uma referência a "burgueses e proletários", em que se retrata um conflito agudo entre os dois polos fundamentais da sociedade capitalista:

> "Nós somos os 99%" destaca a diferença entre a riqueza do um por cento mais rico e o resto de nós. Ele politiza uma estatística que expressa a dependência do capitalismo da desigualdade fundamental – "nós" nunca podemos ser contados como um por cento mais alto. Fazendo isso, o slogan declara uma coletividade. Ele não unifica essa coletividade sob uma identidade substancial – raça, etnia, religião, nacionalidade. Antes, ele afirma-o como o "nós" de um povo dividido, o povo dividido entre expropriadores e expropriados. No cenário de uma Wall Street ocupada, este "nós" é uma classe, uma das duas classes opostas e hostis, aqueles que têm e controlam a riqueza e aqueles que não (Dean, 2011, p. 87).

Uma chave de interpretação distinta torna o movimento e seu mote uma das várias expressões contemporâneas da luta pelos bens e pelas condições necessárias à sobrevivência – o chamado *comum*. Não se trataria de tentar estabelecer uma identidade entre os sujeitos envolvidos, mas de reconhecer a forma multitudinária que os enlaça. A nomeada *multidão* característica do capitalismo do século XXI seria, portanto, o sujeito político dos dias de hoje – um sujeito *novo* e *original,* incomparável às lutas do século anterior.

> Manifestações sob a bandeira de Ocupar Wall Street ressoam *em tantas pessoas* não só porque elas dão voz a um sentimento generalizado de injustiça econômica, mas também, e talvez mais importante, porque elas expressam reclamações políticas e aspirações. À medida que os protestos se espalharam de Lower Manhattan para cidades e vilas em todo o país, eles deixaram claro que a indignação contra a ganância das corporações e a desigualdade econômica é real e profunda. Mas pelo menos igualmente importante é o protesto contra a falta – ou o fracasso – da representação política. Não é tanto uma questão de saber se este ou aquele político, ou este ou aquele partido, é ineficaz ou corrupto (embora isso também seja verdade), mas se o sistema político representacional é inadequado em geral. Esse movimento de protesto poderia, e talvez deva, se transformar em um processo genuíno de constituição democrática (Hardt; Negri, 2011; grifo meu).

Quando 99% são tomados como multidão, a ênfase na democracia, na (re)constituição e (re)construção de processos democráticos, é bastante acentuada. E o mesmo se passa quando o OWS é inserido na longa tradição do populismo segundo a tradição estadunidense, interpretado por muitos como parte do próprio *ethos* do país e encapsulada a seguir:

> Tais imagens e inúmeras outras como elas constituem a linguagem do populismo. Seja discursada, escrita, desenhada, transmitida ou televisionada, esta linguagem é usada por aqueles que clamam falar para a maioria vasta dos americanos que trabalham duro e amam seu país. Essa é a definição mais básica e clara do populismo: uma linguagem cujos oradores concebem o povo comum como uma assembleia nobre não circunscrita limitadamente por classe, veem seus opositores de elite como

egoístas e antidemocráticos, e procuram mobilizar os primeiros contra os últimos (Kazin, 1995, p. 1)[30].

Seria possível levantar outras leituras e interpretações sobre o OWS e o "nós somos os 99%". Devido à sua plasticidade, o mote podia ser adaptado, ganhar tal ou qual fundamento teórico-analítico – da mesma forma que era permitido abraçar x causas e expressar x anseios. Em sua concepção original, porém, era bem menos pretencioso e não procurava mais do que promover um website e ser "o meme da semana":

> Eu não sei se eu poderia ou não ter feito melhor, se eu voltasse no tempo e no eu do passado, eu teria pensado demais [*overthought it*]. Teria sido algo do qual faltaria a autenticidade que eu acho que "nós somos os 99%" realmente precisava, teria sido algo estéril, muito calculado. Porque, realmente, aquela frase, a coisa boa sobre ela e a coisa ruim sobre ela é que ela não foi nada calculada. Eu tive a ideia literalmente no chuveiro. Bom... talvez eu não estivesse no chuveiro, eu poderia estar no banheiro, eu poderia estar andando na rua, mas literalmente nenhum, nada de pensamento ou planejamento, foi praticamente eu pensei na frase e "hum, isso poderia ser um bom slogan, deixa eu anotar". Todo mundo com quem eu conversei [...] , cada uma delas sempre acha que eu tive esse processo longo e recluso e [qual era o] significado por trás e que eu iria falar por um longo tempo e aí é quando eu digo para elas "não, [...] eu provavelmente estava indo ao supermercado ou algo parecido, sabe..." (entrevista Chris, 2015; acréscimos meus).

Occupiers reconhecem, surpresos, o impacto do mote na popularização do movimento e mesmo para a política estadunidense[31].

---

[30] *Populismo* tem uma trajetória intelectual (e política) polêmica e cheia de controvérsias e divergências, sobretudo na América Latina. Vale sublinhar, portanto, que a meu comentário é relativo ao modo como alguns autores desenvolveram essa ideia nos Estados Unidos – umbilicalmente ligada à crítica que atravessa os períodos históricos a uma elite que prejudica o *"little guy"*.

[31] "É surreal vê-lo [o mote "nós somos os 99%"] em todos os lugares agora. É surreal que ele se tornou uma coisa em si, realmente separada do Occupy. Ele realmente tornou-se uma referência

Segundo Becky Wartell, falar em 99% foi genial, pois o mote era "cativante [*catchy*]". É "algo que pode ser repetido facilmente, *nós! somos! os 99%!*, ele flui" (entrevista Marisa Holmes, 2015). Para Sofia Gallisá, o mote transformou-se em uma "ideia realmente poderosa" e, para Angela, ele "serviu seu propósito" ao chamar a atenção para a brutal desigualdade econômica de maneira bastante pessoal: "Eu sabia que seria bom como uma palavra de ordem porque todo mundo quer ser um *superstar* e contar suas histórias, seja anonimamente ou seja lá como for" (entrevista Priscilla Grim, 2015)[32].

Ao mesmo tempo, muitos *occupiers* consideravam o mote um empecilho no dia a dia do movimento. O fosso entre os superricos (1%) e o restante da população (99%) é real, assim como a exploração daqueles sobre este. Porém, a exaltação de uma parcela tão grande da sociedade inevitavelmente *"cria uma questão em termos de subjetividade política"* (entrevista Matt Tinker, 2015; grifo meu). Ou, dito de outro modo:

> Eu tenho vários problemas com "nós somos os 99%". É um ótimo slogan, uma merda para análise. Eu acho que é um ótimo slogan, eu acho que é uma ótima palavra de ordem, eu acho que realmente mostra a desigualdade de renda, é uma ilustração muito boa de quanta renda se consolidou em um pequeno grupo de pessoas. Mas! Ele não chega à análise de onde as pessoas estão. Toda esta ideia "estamos todos no mesmo barco" é... mais ou menos! Mas os barcos de algumas pessoas não são equipados e os barcos de algumas pessoas não têm remos e os barcos de algumas pessoas têm buracos, que [outras] pessoas estão ativamente perfurando, *nós realmente não estamos no mesmo barco, estamos todos em barcos diferentes, enquanto o*

---

que as pessoas usam neste momento, o presidente usou e eu... muito parecido com o Zuccotti Park, é como algo que aconteceu com outra pessoa quando eu olho para trás" (entrevista Chris, 2015; acréscimo meu).

[32] Vale colocar que o mote "nós somos os 99%" foi primeiramente compartilhado em um blog tipo *Tumblr*, possibilitando aos indivíduos postarem suas histórias e seus casos seguido do mote em forma de hashtag.

> *1% está em um iate, vamos dizer assim, mas não esta-*
> *mos todos em um barco juntos* (entrevista Michelle,
> 2015; grifo e acréscimo meus).

Que os "99%" não se distribuem igual e uniformemente em momentos de normalidade e, sobretudo, em momentos de crise, foi algo a assombrar o OWS – um desafio à ideia de diversidade por ele proclamada. Havia uma constante preocupação se o OWS era, de fato, um movimento dedicado aos "99%" e se tratava das questões importantes para os "99%". Mesmo análises simpáticas reconheciam que, "[p]ara ter êxito, o movimento *precisa alcançar* os 99%" (Harvey, 2012, p. 61; grifo meu). Pouco a pouco, frequentes dúvidas sobre os "99%" e "conselhos" sobre a necessidade de se chegar aos "99%" revelaram limites do movimento e minaram o poderoso mote.

3.2 É SOBRE CLASSE E UM POUCO MAIS

O OWS tinha em seu cerne a preocupação com o capitalismo e sua crise – embora *occupiers* os concebessem e explicassem de maneira bem distinta. Uma análise do movimento não poderia se furtar de falar sobre *classe social* – sobretudo à luz do mote "nós somos os 99%". Mas, sozinho, tal conceito não é suficiente. É fundamental que a análise adote uma perspectiva interseccional – ou seja, é preciso que se considere a sobreposição entre opressão econômica, de *classe*, e outras formas de opressão, particularmente aquelas relacionadas à *raça* e *gênero*.

A relevância das categorias *classe, raça* e *gênero* – e sua íntima interconexão – relaciona-se ao papel delas no desenvolvimento e funcionamento do sistema capitalista. Em outras palavras, *classe, raça* e *gênero* são elementos fundamentais sobre os quais se organiza a produção e a reprodução da sociedade. Ademais, a necessidade de se pensar nas três categorias simultaneamente advém do reconhecimento dos desafios com os quais o movimento precisou lidar em termos práticos, segundo os relatos dos próprios *occupiers*.

Conforme indicado em uma conversa informal com uma participante do OWS, projetos e relações entre *occupiers* eram afetados por dinâmicas relacionadas à desigualdade de gênero de modo recorrente:

> Quando ela explicou o porquê d[o seu ativismo em torno da questão de gênero], ela realmente revelou muitas experiências que ela teve no Occupy. [...] Ela primeiro falou sobre os esforços em torno dos problemas da ocupação em si – prevenção de estupro, construção de espaços mais seguros, "todas essas coisas que você provavelmente sabe". Então ela falou sobre a condição dela no movimento: "como uma mulher que também era uma figura pública no movimento", ela disse que se sentiu alvo em alguns momentos. A questão de gênero surgia em momentos polêmicos do movimento: ela disse que as pessoas costumavam dizer para ela "eu concordo com tudo o que você diz, mas você não precisa ficar muito emocional e esse tipo de coisa". Ela disse que sabia que seria tratada de forma diferente se fosse um homem. Ela também mencionou alguns problemas no Strike Debt dizendo que, quando ela tinha um desacordo político com um cara, aquilo era tomado como um problema pessoal que deveria ser discutido em particular. Então eu finalmente perguntei abertamente se aquela [decisão de trabalhar com gênero] era uma decisão especificamente baseada na experiência dela com o Occupy. Ela respondeu que também era por causa do Occupy, mas lembrou que a questão do gênero tem sido uma questão em outros movimentos, é uma questão geral na e para a esquerda. *"Talvez quando abordarmos, quando resolvermos isso, nós possamos realmente ter democracia participativa"* (nota de campo, 03/02/2016).

Entrevista com Tamara Shapiro em 2015 expressa que atritos também existiam devido ao racismo firmemente arraigado:

> Se pensarmos no fracasso do Occupy, 60%, 70% dos nossos problemas eram sobre diversidade racial

e política de identidade e coisas do tipo. Então, quando eu olho para a Espanha, coisas que foram bem-sucedidas, eu também olho para um país que não teve que lidar com algumas das dinâmicas que nós tivemos que lidar profundamente, que nos permitiram... que tornaram mais difícil conseguir essas coisas. *A divisão racial no Occupy era muito profunda e muito real.* Não era tudo como... as pessoas falam como se fosse uma liderança racista, que as pessoas não-brancas não estavam envolvidas, havia realmente muita [gente não-branca], mas em termos de números, em termos de aparência, em termos do que parece, da história que foi contada ao mundo... não saiu dessa maneira. Eu acho que eles [ativistas espanhóis] não têm que lidar com isso na Espanha da mesma forma (grifo e acréscimos meus).

Com a incorporação de uma perspectiva interseccional para a análise do movimento, surge uma questão: como contextualizar *classe, raça* e *gênero*? Embora se discuta cada categoria separadamente, não se procura deduzir qual é mais "importante" na medida em que as três afetavam o movimento.

Gênero

O movimento gerado a partir da ocupação no Zuccotti Park abria a possibilidade para a participação geral, na medida em que somente um setor bastante minoritário era excluído de antemão – o 1% mais rico. Em coerência com o desejo de participação, o OWS dizia que todos e todas poderiam trazer seus anseios, seus problemas, suas propostas e, com isso, se manifestar e tomar parte na iniciativa. No entanto, desde o início, ficou claro que a plena expressão de todo mundo não era algo tão fácil e espontâneo.

Expus no capítulo primeiro que as assembleias gerais se valiam do chamado *progressive stack* como uma maneira de mediar os debates e as discussões. O *progressive stack* procurava reparar certas barreiras comumente identificadas em espaços coletivos na medida em que, conforme explica a *occupier* Marisa Holmes, "nós agrupávamos todas as vozes estruturalmente, [inaudível] marginalizadas no topo da lista (...) [e] também tentávamos manter o tempo, de modo que se você tivesse um cara branco e velho falando por vinte minutos ou sei lá, a gente cortava".

A técnica citada nem sempre era utilizada ou respeitada e, mesmo quando o era, o *progressive stack* não surtia o efeito esperado, particularmente em relação à predominância de homens. A criação e a atuação de um grupo de mulheres, um *Women's Caucus*, internamente ao OWS demonstram a necessidade de ter que lidar com "um monte de caras" (entrevista Ame Hayashi, 2015).

Gênero diz respeito à construção de certos papéis e imagens, à atribuição de certas funções sociais e ao controle dos corpos, de modo que certas diferenças biológicas se tornam socialmente significantes. Para que se entenda como a questão de gênero se configurou no OWS, com mulheres em posição inferior aos homens, é preciso lembrar, em primeiro lugar, que a proeminência dos homens não se dava em função do número simplesmente[33].

Barreiras para a participação de mulheres em um movimento que formalmente se caracterizava como aberto, igualitário e democrático eram erigidas, primeiramente, por meio de práticas e artifícios a desvalorizarem o que se considerava "feminino" em relação ao "masculino".

Havia momentos em que se deslocava e se desencorajava a ação das mulheres – ainda que não deliberadamente:

> Um grupo, GT da ação direta... eu nem tentei entrar, tinha uma questão patriarcal enorme ali, inclusive a Sandy, que é uma das meninas que era do ação direta, ela saiu do ação direta e formou um grupo de ação direta feminista, só pra mulheres, porque mulher ali naquele grupo de ação direta tinha muita dificuldade para entrar. Eu nem ten-

---

[33] Aqui vale lembrar que as fronteiras delimitando o OWS eram fluidas e não era possível delimitar de antemão quem era ou não era um/uma *occupier*.

> tei, porque eu já de longe saquei que se dava ali no grupinho de um clique mais fechado, que era totalmente masculino, amigas minhas mulheres que tentaram entrar no GAD, no GT de ação direta, disseram que ficavam lá nas reuniões de ação direta discutindo alguns temas, mas que depois eles iam tomar uma cerveja e elas sabiam que era ali que ia ser decidido. Então... mas muito porque o grupo de ação direta estava criando tanta ação, tanta ação que... numa emergência tão grande que não tinha esse cuidado para a inclusão. Quer dizer, não só por isso. Mas também por isso... (entrevista Vanessa Zettler, 2015).

Havia também momentos em que as mulheres eram impedidas de se colocar ou eram silenciadas ou hostilizadas quando o faziam:

> Ficou muito, realmente pesado e essa energia de tipo anarcomacho [*manarchist*], se isso faz algum sentido, é... [...] Sabe, eu trabalhei em ambientes fortemente femininos por dez anos, eu basicamente estive em uma faculdade de mulheres por dez anos e então eu vim para o Occupy Wall Street e me falaram que eu era uma vaca [*bitch*]. Porque tinham caras suburbanos que nunca ficaram na presença de mulheres que são bem-sucedidas [*accomplished*] e com habilidades reais. É... [pausa] Eu pensava "uau, eu fui tratada melhor na *Time Warner Media* [corporação do ramo das telecomunicações] do que na esquerda americana, maravilha, isso explica muito" (entrevista Priscilla Grim, 2015; acréscimo meu).

E havia momentos em que as iniciativas especificamente femininas e feministas eram abertamente atacadas:

> Quando teve aquele grupinho da ação direta feminista, nossa, eu peguei ele no flagra falando "não, porque mulher, quando se junta, só dá problema, a gente não pode deixar, só mulher junta fazendo ação direta, olha que horror" (entrevista Vanessa Zettler, 2015).

Embora criticados no discurso de um movimento que se pretendia igualitário, papéis e estereótipos de gênero persistiam e fundamentavam explosões de controle e domínio masculino, constituindo-se como mais uma barreira para a participação de mulheres no OWS:

> [...] a maioria das pessoas que foram [para aquele protesto] eram daquele tipo *man*-anarquista, [...] anarquista machão assim [...], não organizou nenhuma ação, mas cola em todas as ações e acha que vai poder liderar a ação, porque ele é anarquista e faz o que ele quiser, esse é um *manarchist*, uma coisa bem machista (entrevista Vanessa Zettler, 2015).

O aumento dos conflitos de gênero, casos de assédio sexual e um caso confirmado de estupro no acampamento tornaram a presença física de mulheres no Zuccotti Park uma questão de segurança. Além do *progressive stack* e um grupo de trabalho de e para *as occupiers*, organizaram-se reuniões públicas exclusivas para elas, com ações diretas voltadas para e/ou conduzidas por mulheres, treinamentos relacionados à violência e outros tópicos sensíveis a elas. Seguindo a dinâmica que lhe era característica, o OWS gerava os coletivos, as ferramentas, as soluções conforme as necessidades se apresentavam:

> Estamos redobrando nossos esforços para conscientizar sobre a violência sexual. Isso inclui tomar medidas preventivas, como encorajar dinâmicas de relacionamento saudável e práticas de consentimento que podem ajudar a limitar os danos.
>
> Estamos criando e compartilhando estratégias que eduquem e transformem nossa comunidade em uma cultura de consentimento, segurança e bem-estar. No OWS, essas estratégias atualmente incluem círculos de apoio, aconselhamento, treinamentos de consentimento, espaços de sono mais seguros, treinamentos de autodefesa, vigilância comunitária, campanhas de conscientização e

outros processos comunitários em evolução para lidar com os danos (Occupy Wall Street Safer Spaces Working Group, 2012, p. 139-140).

O movimento teria de lidar com a tensão crescente entre garantir um ambiente salubre e, ao mesmo tempo, evitar a reprodução dos padrões de fiscalização – aqueles típicos da NYPD, por exemplo. Com isso, uma perspectiva alinhada à justiça reparadora e/ou transformadora era reivindicada e fez com que *occupiers* encorajassem que uma pessoa "identificada como mulher" (entrevista Angela,̓ 2015) fizesse a mediação de conflitos, quando surgissem, para mudança de "clima".

Sendo assim, procurava-se maneiras de estimular métodos e princípios de uma política feminista – ou, mais especificamente, uma *feminização* da política. Não se tratava somente de aumentar o contingente de mulheres no OWS, mas de dar mais voz a elas e empoderá-las por meio da discussão de certas pautas e do estímulo à sua participação nos espaços coletivos. Havia um esforço – de um setor do movimento, ao menos – de repensar modos e práticas adotadas no âmbito do debate político e promover outras formas de intervenção na esfera pública. Em outras palavras, a ideia era valorizar *conversa* e *consenso* ao invés de *embate* e *disputa* e priorizar *acolhimento* e *cuidado* ao invés de *confronto*[34].

Outra forma como a questão de gênero se manifestava no OWS era por meio do destaque à reprodução social – consequência inevitável do formato de ocupação adotado. Conforme descrito na Introdução, o movimento se orgulhava de abrir espaço para as mais diversas necessidades. Todos os dias havia dezenas de pessoas engajadas, conscientemente ou não, em garantir que todas as necessidades fossem supridas – fosse cozinhando, conduzindo uma sessão de ioga, recolhendo o lixo, consertando uma barraca, prestando primeiros socorros na tenda médica etc. Com a ocupação diuturna do espaço público, o OWS revelava a complexa rede

---

[34] Decerto, é possível interrogar se tal política *feminista* não reproduzia a crença em uma suposta *essência feminina* – uma crítica que foge ao escopo deste trabalho.

de relações e atividades – materiais e espirituais – envolvidas na continuidade da vida individual e coletiva. Também criticava que muitas dessas relações e atividades são (ou se tornaram) inacessíveis na sociedade capitalista em função da mediação da mercadoria e, mais recentemente, do desmantelamento do Estado de bem-estar social e da ascensão do neoliberalismo.

Historicamente, o conjunto de atividades relativas à manutenção da vida diária, através das gerações, é designado às mulheres. Resgatar sua centralidade poderia abrir caminho para que o OWS aliasse a crítica ao capitalismo a uma perspectiva feminista *como movimento* – em seus documentos, pronunciamentos etc., para além da visão de alguns e algumas *occupiers* individualmente. Contudo, a condição da reprodução social era contraditória: tais atividades, mesmo que fundamentais para a existência do movimento, frequentemente adquiriam um status secundário em relação ao trabalho "realmente" político.

Não se pode dizer ao certo se o lugar ambíguo da reprodução social no OWS reforçou a desigualdade de gênero ou se a histórica relação entre reprodução social e mulheres gerou esse lugar – ambos parecem verdadeiros. De modo geral, a ocupação do Zuccotti Park e de outros espaços do OWS não valorizou a participação das mulheres – a despeito dos esforços e das intenções dos *occupiers*, em especial *as occupiers*. Tal resultado não se deve simplesmente a uma suposta falha das mulheres ou do feminismo em ganhar expressão. A maneira como se organizava o OWS é que dava espaço para desigualdades – de gênero e além – em um movimento que buscava a igualdade.

Raça

Era comum que se caracterizasse o OWS como "branco" – mesmo com a presença de *occupiers* que não se encaixavam neste perfil. Do mesmo modo que acontecia com a questão de gênero, não são números que importam ou quantos *occupiers* de cada raça havia ali. É preciso desvendar as dinâmicas do movimento que justificavam tal caracterização.

Raça é entendida como uma construção social por meio da qual características percebidas ou imaginadas ganham certos significados. Sobre os corpos agem certas instituições e práticas a proporcionar-lhes experiências distintas, em meio a uma estratificação social na qual a raça branca historicamente adquiriu o lugar dominante[35]. Tal sistema – o racismo – não se limita à manutenção da dominação por meio de estruturas fundamentais da sociedade como modelo econômico, sistema político, aparelho jurídico etc. Ele se reproduz continuamente, nas variadas interações sociais, e nem sempre de maneira explícita e consciente.

O *occupier* Matt Tinker considera "que, com o passar do tempo, a questão de raça era consistentemente uma espécie de elefante na sala". O desconforto ficou evidente já quando a NYCGA discutiu o seu primeiro, e quiçá mais importante, documento: a Declaração da Ocupação – Anexo I deste livro. Esta buscava apresentar as características e diretrizes do movimento no Zuccotti Park: problemas que o impulsionavam, diagnóstico que o inspirava, soluções (um tanto obscuras) que defendia, o inimigo que havia elegido e quem falava enquanto movimento. O texto diz:

> Como um povo, unido, reconhecemos a realidade: que o futuro da raça humana requer a cooperação de seus membros; que nosso sistema deve proteger nossos direitos, e quando à corrupção desse sistema, cabe aos indivíduos proteger seus próprios direitos e aqueles de seus vizinhos; que um governo democrático deriva o seu justo poder do povo, mas as corporações não buscam o consentimento para extrair riqueza do povo e da Terra; e que nenhuma democracia verdadeira é atingível quando o processo é determinado pelo poder econômico.

O processo de construção do documento durou dois dias. Onde, na versão final, se lê "Como um povo, unido", lia-se inicial-

---

[35] Não cabe aqui uma análise das particularidades do processo de racialização de cada segmento não branco nos Estados Unidos – negros, latinos, asiáticos, indígenas –, embora tais particularidades existam e tenham tido relevância no OWS.

mente: "Como um povo, formalmente dividido por cor de pele, gênero, orientação sexual, religião ou ausência dela, partido político e formação cultural [*cultural background*]". Essa formulação inicial buscava consolidar a retórica de unidade por meio da ideia de 99%, mas o efeito era contrário aos olhos de alguns *occupiers*. Propor a unidade da diversidade, sem reconhecer a existência de relevantes diferenças, era entendido como uma insensibilidade em relação à própria ideia de desigualdade e opressão que o movimento procurava destacar. Também era entendido como uma tentativa de silenciar um setor dos 99% que se encontrava ali. Segue um dos relatos mais famosos da polêmica em questão:

> Então nosso contingente radical sul-asiático levantou-se. Minha amiga Hena dirigiu-se à multidão com a nossa preocupação e disseram-nos para que mandássemos um e-mail que pudesse lidar com isso mais tarde. Hena insistiu e, mais uma vez, os facilitadores da Assembleia Geral tentaram ignorar nossa queixa e deixá-la para mais tarde. Eles alertaram-nos de que barrar a Declaração era um ato sério. Nós sabíamos que era um ato sério. E por isso que nós o fizemos. [...] Nós falamos para a Assembleia Geral que nós queríamos uma mudança pequena na linguagem, mas que essa mudança representava uma preocupação ética maior. Apagar a história de opressão desse documento de fundação, nós dissemos, não era algo que poderíamos deixar acontecer. Nós propusemos que cortassem a linha ofensiva e, após alguns minutos de debate, a Assembleia aceitou nossa proposta. Missão cumprida, nós retiramos nosso veto. Meu amigo Sonny olhou-me nos olhos e disse: "[v]ocê mandou bem [*You did good*]", palavras que eu verdadeiramente precisava ouvir naquele momento (Maharawal, 2012, p. 174).

Grupos como *People of Color Caucus, OWS en español, Latam (Latinoamérica), Immigrant Workers Justice,* entre outros, surgiram em sequência ao imbróglio da Declaração e giravam em torno de dois objetivos paralelos e complementares. Em primeiro lugar, buscava-se empoderar pessoas não-brancas, promover maior protagonismo delas, abrir espaço para que trocassem experiências, além de banir quaisquer casos de racismo. Em segundo lugar, de acordo com a *occupier* Manissa McCleave Maharawal, procurava-se discutir como "as questões sobre as quais o Occupy estava falando tinham a ver com pessoas não-brancas e incorporar um referencial de antirracismo".

Com os objetivos mencionados reconhecia-se uma separação e mesmo um descompasso entre os segmentos em questão – negros e negras, latinos e latinas, imigrantes etc. – e o segmento visto como hegemônico naquele ambiente:

> [...] o grupo da América Latina, por exemplo, saiu do pessoal *hablante,* tanto dos latinos quanto dos espanhóis, dessa *percepção da necessidade de criar um espaço para atrair... grupos diferentes*, né, e aí, por exemplo, o *Latam*, eu me lembro de ter ido nessa assembleia, do OWS em espanhol, e nem foi dentro do parque, foi onde tem o cubo lá [do outro lado da rua], [...] e aí o pessoal falando e falando "porque *nosotros* não sei o quê, não sei o que lá, porque eles..." *e eles eram Occupy e nosotros, latinos... dava pra sentir que ainda não era uma coisa que pertencia ao Occupy*, mas eu acho que eram pessoas que viam no Occupy a chance de trazer para dentro de uma coisa que estava chamando a atenção e mobilizando tanta gente o projeto que eles já tinham, então vieram muitos projetos de fora e esse, por exemplo, o *Latam* e o OWS em espanhol, trouxe projetos que já existiam... lembro jornaleiros e aí teve o grupo de jornaleiros [*Jornaleros Unidos*, organização pelos direitos de trabalhadores imigrantes] que chegaram, que já tinham todo um processo em andamento, eles vieram para cá para angariar força assim... então era essa percepção de que existia um potencial ali (entrevista Vanessa Zettler, 2015; grifos e acréscimo meus).

Os grupos *People of Color Caucus, Latam, OWS en español* contavam com um público considerável em suas reuniões e atividades. Mas de modo similar ao que se passava com as mulheres, a trajetória dos grupos não-brancos no OWS era sentida como uma luta dentro da luta. De acordo com Mariano Muñoz-Elías, "um pessoal não queria escutar sobre raça, queria manter a conversa sobre classe". Com isso, apesar dos esforços, tais grupos não conseguiram o impulso:

> A Michelle falou sobre um momento em que tentou usar o *mic-check* para anunciar uma reunião do POC [*people of color*]. *Disse que chamou "MIC-CHECK!" e ouviu "MIC-CHECK!". E continuou: "*THE PEOPLE OF COLOR WORKING GROUP...*", *só que daí o retorno:* "THE PEOPLE of color working gr...". [...] [Depois que o painel acabou,] a Michelle foi muito receptiva quando eu me aproximei e comecei a falar da pesquisa [...]. Expus de leve minhas impressões sobre as diferenças [entre os grupos] e uma espécie de hierarquia silenciosa no OWS e disse que gostaria de conversar mais com ela sobre o *people of color working group*. Eu achei que ela é bastante engraçada e, no geral, fala sobre as coisas de maneira bem-humorada. Mas uma hora ela ficou meio séria e disse: "*sabe de uma coisa? O people of color working group nunca conseguiu pegar dinheiro da Assembleia Geral*" (nota de campo, 17/02/2015).

As iniciativas relacionadas à raça tendiam a ficar confinadas aos grupos citados, minando a possibilidade de se "construir um movimento racialmente consciente e inclusivo" (Writers for the 99%, 2012, p. 114). As ferramentas existentes – *progressive stack,* criação de grupos de trabalho etc. – não eram capazes de contornar as barreiras de um movimento que se comportava como *racialmente neutro.* Na ausência de um referencial antirracista reproduzia-se racismo, mesmo que não intencionalmente.

Uma luta dentro da luta ocorria porque também existia diversidade entre os indivíduos marginalizados no seio do movimento, de modo que o equilíbrio daqueles espaços "menores" dentro do OWS era igualmente frágil e precário:

> A assembleia das pessoas não-brancas simplesmente fracassou por completo, não durou muito tempo. Eu acho que as pessoas que começaram foram principalmente *queer people of color* e então... Eles foram os que meio que começaram aquela assembleia de pessoas não-brancas, mas então ficou superpovoado, mas apenas pessoas não-brancas em geral e um monte de homens heterossexuais um tanto homofóbicos, rapazes começaram a vir para aquela [assembleia] e houve muita tensão... no final, todo o pessoal gay havia deixado aquela assembleia, porque era um pouco conflituoso. Exigir que se usasse pronomes, exigir que se identificasse e [dissesse] o pronome que você quer usar para si mesmo[36], todas essas coisas nem sequer passavam no processo. E aquilo foi o fim daquela [assembleia], quer dizer, a assembleia de pessoas não-brancas não foi mais longe do que alguns meses. [...] E digo, a assembleia latina... do *OWS en español*, ela também começou a ir, ela também começou a cair naquela categoria um pouco, não tivesse sido por alguns dos projetos que saíram dela, como o jornal, aquele foi um bom projeto, estava vendendo, estava feito, mas também começou a cair naquela categoria um pouco, sabe... (entrevista Mariano Muñoz-Elías, 2015; acréscimos meus).

Em síntese, grupos focados em *raça* e *racismo* recebiam um duplo impulso rumo ao isolamento: suas questões não eram consideradas relevantes e suas dinâmicas internas ganhavam uma urgência que muito demandava de seus membros, levando-os a permanecer entre os seus e lidar com "suas" atividades e "seus" assuntos. O OWS, portanto, consolidou-se como um *espaço* branco – a despeito da presença de *corpos* não brancos.

---

[36] A língua inglesa não se organiza em torno da noção de gênero como a língua portuguesa. O pronome *they* é traduzido para o português como "eles" ou "elas" – e, dado o caráter da língua, geralmente assume a primeira forma. Só que *they* não tem nenhuma conotação masculina necessária e nem identifica a presença de algum gênero em particular. Sendo linguisticamente neutro, é utilizado por indivíduos que não se sentem contemplados com o binarismo masculino e feminino.

Para que esses grupos pudessem continuar existindo e remediar as barreiras colocadas pelo isolamento, era preciso contar, em grande medida, com certos artifícios:

> Mas havia muita polinização cruzada de pessoas nessas assembleias [*Immigrant Workers Justice, OWS en español,* NYCGA], gente que fazia todo tipo de coisas, o Diego, por exemplo, o Pablo, a Sofía, como eles tinham uma mão em tudo, [...] é, eles estavam lá desde o início... e... eles conheciam mais pessoas e estavam dispostos a aguentar algumas das reuniões mais difíceis, conselho e coisas do tipo, eu não perdi meu tempo com isso, pessoalmente, muitas pessoas [também] não, mas eles ainda estavam lá. Então é bom ter essas conexões, porque quando precisávamos de algo do interior [*from the inside*], os círculos mais íntimos [*inner circles*], nós podíamos... Então, por exemplo, para o financiamento, nós fomos, na verdade, um dos poucos grupos que conseguiram dinheiro para fazer as paradas, é, do Ben & Jerris, por exemplo, eles nos deram alguns milhares [de dólares] para fazer o jornal em espanhol e para comprar o equipamento que ainda é usado algumas vezes (entrevista Mariano Muñoz-Elías, 2015; acréscimos meus).

Nas entrelinhas desta fala estão expressos aspectos da estrutura de organização do OWS. Como se percebe, eles influenciaram – e muito – os desfechos dos grupos de trabalho e comprovam sua importância para a compreensão do movimento. Serão retomados adiante.

Classe

Quando se trata das dinâmicas internas de movimentos sociais, é crucial que se considere *classe social* como um conjunto de indivíduos sujeitos a condições similares de existência e, consequentemente, dotados de disposições similares (*cf.* Bourdieu, 1983; 1987; 2003). Para além de certos recursos materiais e econômicos relacionados à posição na estrutura produtiva da sociedade, indivíduos de uma mesma classe têm suas percepções e práticas relativamente afinadas. Tal afinamento ocorre porque eles e elas desenvolvem comportamentos, gostos, maneiras, conhecimentos etc. semelhantes, dadas suas condições similares de existência, e compartilham de um conjunto de relações a oferecer-lhes acesso a oportunidades, informação, contatos, em maior ou menor vantagem.

Certas vivências, habilidades e capacidades funcionam como competências para "adequado" e "produtivo" engajamento nos mais diversos espaços sociais – inclusive um movimento social. Como qualquer outro meio, o OWS desenvolveu-se de modo a consolidar certo padrão de funcionamento. Os *occupiers* "bem-sucedidos" no movimento não eram todos exatamente iguais – àquele momento, sua situação socioeconômica podia variar, demonstrando que *classe social* não pode ser tomada tão restritamente. Comum aos *occupiers* em questão, todavia, era a familiaridade com as vivências, habilidades, capacidades "certas". *Occupiers* "bem-sucedidos" não só estavam em posição privilegiada internamente ao movimento como também, mesmo sem intenção, retroalimentavam aquele arranjo[37].

Para compreender as colocações anteriores, é preciso primeiro ter em mente: ainda que o OWS tenha gozado de grande popularidade, nem todo mundo podia ir à ocupação facilmente. De acordo com *occupier* Drew Hornbein,

> [...] *você precisava de uma enorme quantidade de tempo* [...]. Você não tem um filho, você não tem um emprego estável ou um emprego que você vai das 9 [da manhã] às 5 [da tarde] todos os dias e você não tem um financiamento, você não tem uma parcela do carro, então você pode participar.

---

[37] É importante salientar que o ponto não é fazer uma dedução do perfil do movimento por meio da trajetória dos *occupiers*. Isso porque as trajetórias individuais podem combinar formas de "capital" de maneira variada. O ponto é compreender como aquela *coletividade* era dotada de certas dinâmicas e contradições de classes eram então ali reproduzidas *internamente*.

Porque as reuniões tinham 3 horas de duração. Elas começavam 30 minutos atrasadas. Você não pode ser uma pessoa trabalhadora e possivelmente participar de algo como o Occupy Wall Street, que exige que você... o que eu fiz, eu larguei todos os meus trabalhos, me custou cerca de 10 pau [10k] de... lucros perdidos, aluguéis, me custou uma caralhada de dinheiro (entrevista, 2015; acréscimos meus).

Occupiers preocupados em não alienar aqueles e aquelas que não podiam ir à ocupação buscaram remediar a distância física deslocando-se aos bairros mais afastados de Manhattan para expandir o movimento – por exemplo, por meio da distribuição massiva do *Occupied Wall Street Journal En Español*.

Contudo, os esforços para incorporar um contingente maior ao movimento eram minados pelo que se passava continuamente na ocupação e em outras instâncias (assembleia, grupos de trabalho etc.) do OWS:

> [...] acho que as pessoas com quem eu queria conversar estavam relativamente ocupadas naquele momento, sabe, algumas estavam no grupo de trabalho de RP [relações públicas]... facilitação, a cozinha, os dias deles eram provavelmente muito cheios. Eu não cheguei com uma habilidade discernível, eu não sou um chef [de cozinha], eu também não sou uma pessoa de mídia, eu não sou como... um documentarista, eu não sei manusear uma câmera, na real, *então eu não vim a ele [OWS] como algumas pessoas vieram, com... uma habilidade de vida [life skill] que era realmente necessária, eu só tinha um interesse... político mais geral, eu acho?* Eu também não... escrevo realmente, então não é que eu poderia colar junto e formar um jornal ou algo assim, havia o *Occupied Wall Street Journal... Eu estava lá quase todos os dias, mas eu diria que meio que passou por mim um pouco...* [pausa] Era também... a maioria das pessoas que estavam realmente envolvidas ou não estavam trabalhando ou [estavam] traba-

lhando muito pouco, ou na faculdade e pararam por um semestre, algo assim. E eu tinha acabado de conseguir um emprego depois de procurar por um longo tempo (entrevista Matt Tinker, 2015; grifos e acréscimo meus).

Havia saliente (e crescente) demarcação entre quem podia e quem não podia colaborar com o movimento – dado o caráter especializado dos grupos de trabalho centrais e o caráter disperso das tarefas levadas a cabo por cada um deles. O grupo de mídia pode servir de exemplo. A ideia era usar canais "alternativos" (como blog, redes sociais, *livestreaming* etc.) para aproximar o OWS de um público maior e construir uma narrativa própria. Mas a execução estava nas mãos de poucos – sobretudo em uma época em que as ferramentas de disseminação on-line ainda eram mais rudimentares. Nem todo *occupier* sabia o que fazer; nem todo *occupier* era convidado a aprender a fazê-lo – embora casos isolados de "veteranos" auxiliando "noviços" tenham existido.

Um olhar sobre a comissão de imprensa, braço do grupo de mídia, revela que o movimento se rendeu a ditames externos para atender a uma espécie de "padrão de qualidade", conforme explica o *occupier* Arun Gupta:

> Você não pode produzir um jornal por comissão, certo, essa é a minha opinião, você precisa ter profissionais que sabem o que fazem... porque a questão era que não queríamos algo que parecesse uma merda, que soasse ruim, nós queríamos um produto profissional [...] isso estava explícito desde o início, que deveria ser feito profissionalmente, porque nós iríamos fazê-lo rápido, porque nós iríamos fazê-lo com clareza, eram basicamente pessoas que eram jornalistas, mas [estavam] na esquerda radical de uma maneira ou de outra. Isso era bem explícito e as pessoas ficaram chateadas na Assembleia Geral uma vez que ele [*The Occupied Wall Street Journal*] saiu, porque eles disseram "nós queremos participar" e nós estávamos como "este não é um projeto de ensino, não existe para ensinar

> as pessoas, se vocês quiserem criar algo por conta própria, nós ficaríamos felizes em ajudá-los", mas não estávamos lá para treinar pessoas em como ser jornalistas, há muitos outros lugares que você pode fazer isso. E muito disso foi informado pela minha experiência com a Indymedia[38], sabe, onde eu acho que você convida o caos absoluto quando você simplesmente deixa as portas abertas (entrevista, 2015).

Uma tensão entre técnica/conhecimento e controle democrático surgiu daí, sendo recorrente em vários grupos de trabalho e projetos desenvolvidos no OWS:

> Qualquer um pode começar um grupo de trabalho e o grupo de trabalho tem que estar aberto para todos participarem. [...] então eu estou no comitê de internet e eu era a única pessoa com algum conhecimento técnico [...] Eu subi o site, eu tentei algo como... "Eu quero perguntar ao meu comitê o que eles querem fazer", as cinco pessoas que não tinham ideia do que diabos elas estavam fazendo, ninguém colocou o site lá, e todas essas ideias super detalhadas, essas coisas... Projetar coisas sob... Eu fiz isso no mundo corporativo, você projeta por comitê, você termina com um produto de merda. Confia em mim, eu faço isso há 10 anos, eu manjo da parada. [...] Então, eu tipo "vai se ferrar", eu falei: "olha, eu vou contra o que vocês estão dizendo, eu vou colocar o site no ar, eu vou fazer todas as coisas, eu comprei o domínio, meu nome está no recibo, meu pescoço está na reta..." (entrevista Drew Hornbein, 2015).

Como consequência, quem demonstrava *conhecimento* e detinha habilidades *técnicas* desfrutava de autonomia e liberdade capazes de influenciar um potencial resultado ou desfecho:

---

[38] *Indymedia* é uma alcunha comum para *Independent Media Center*, uma rede global de jornalistas formada na Batalha de Seattle, mencionada no capítulo anterior, e, logo, umbilicalmente ligada ao movimento altermundialista. A *Indymedia* critica os grandes conglomerados midiáticos e propõe-se como uma fonte alternativa de informação.

[...] foi um momento realmente importante quando fizemos isso [lançamento do *Occupied Wall Street Journal* através de uma campanha financiamento coletivo]. Quebrou a barreira, esta ideia de que a Assembleia Geral e o movimento oficial tinham que sancionar, aprovar tudo que fossem ver (entrevista Michael Levitin, 2015; acréscimo meu).

Observem o contraste com relação às pessoas encarregadas da manutenção do espaço físico da ocupação, como a *People's Kitchen*:

[...] no âmbito geral do parque, havia muitos grupos que não tinham tempo para participar de reunião de processo de grupo e então não tinha como... Eu estava na cozinha e eu estava paranoico que o minuto em que eu deixasse a cozinha seria o minuto em que tudo iria desmoronar. Eu não podia deixar a cozinha, era como um bebê, então eu não podia participar da Assembleia Geral, a mesma coisa para outras pessoas no *Medics, Comfort, Sanitation [Working Groups]*, eles tinham trabalho para fazer, eles *não podiam participar da assembleia de uma maneira significativa [in any meaningful way]*. Então as pessoas que mantinham o parque rolando, mantinham a ocupação acontecendo, a infraestrutura rolando, foram excluídas de todo o processo. Não por conta de algum artifício deliberado, não por malícia, não por conta de alguém intencionalmente tentando nos manter de fora, mas apenas [por conta do] jeito que as circunstâncias emergiram, a gente simplesmente não podia participar dela [assembleia] (entrevista Chris, 2015; grifo e acréscimos meus).

A relativa ausência dos membros dos grupos de trabalho ligados à infraestrutura do parque repousa em razões distintas: enquanto aqueles e aquelas com habilidades técnicas *abriram mão* das assembleias e *optaram* por reduzir ou cessar a participação em reuniões que não lhes pareciam relevantes ou estratégicas, os responsáveis pela reprodução social do OWS não tinham tal escolha – conforme ilustrado quanto à tentativa de greve da cozinha por parte de seus membros:

Quando o *Kitchen Working Group* anunciou seu plano de refeições "simplificado" [isto é, sanduíches de geleia e pasta de amendoim em horários restritos], tudo veio abaixo. Sem compreender os problemas organizacionais do grupo, *occupiers* acusaram-no de tentar esfomear os sem-teto. "As pessoas piraram", relatou Heather, "Quase houve violência" (Writers for the 99%, 2012, p. 71).

A especialização nos grupos de trabalho, iniciada a partir de sua separação segundo necessidades, capacidades e habilidades das pessoas, enseja um ciclo vicioso – isto é, reforça a segmentação, quiçá a profissionalização, de funções e tarefas. Foi se consolidando uma dinâmica que elevava as atividades "políticas", consideradas mais especializadas, do OWS sobre atividades de caráter mais prático ou corriqueiro – conforme alertado quanto à discussão sobre gênero:

> [...] havia uma verdadeira divisão entre as pessoas para quem os problemas do acampamento eram o que elas trabalhavam, então onde está a comida, onde está a água, está lotado aqui, tinha uma pá de gente que trabalhava nisso, e havia as pessoas que faziam o trabalho do movimento. Era assim que eles chamavam: trabalho de acampamento versus trabalho de movimento. E então... havia uma verdadeira divisão lá e as pessoas... eu me lembro que, às vezes, as pessoas no acampamento eram tipo "vocês, pessoas políticas, vocês, pessoas de movimento, estão apenas trabalhando para o movimento enquanto nós fazemos o trabalho duro". E havia algo como gênero, como trabalho doméstico versus... sim, houve isso sem dúvida. [...] Eu acho que é importante ser capaz de quebrar essa divisão, entre o trabalho manual e mental, seja lá como você define isso. Mas ele se desenvolveu e era real e as pessoas que estavam no lado do movimento, como eu disse, gravitavam em torno de dois grupos de afinidade diferentes. E o que era feito [por esses grupos de afinidade] princi-

palmente era organizar as grandes mobilizações (entrevista Isham Christie, 2015; acréscimo meu).

Embora não houvesse uma classificação rígida entre quem eram as "pessoas de movimento" e as "pessoas de acampamento", a divisão entre trabalho manual e trabalho intelectual consolidou-se ao ponto de se manifestar no espaço físico do parque:

> [...] então eu dormia em todo o parque, eu estava tanto no lado oeste e no lado leste, eu estava em todo o parque... isso resultou em eu falando com um monte de gente que nem mesmo pode ter chegado a ir ao outro lado do parque para conversar... e [eu me] tornando amiga delas, eu acabei em conversas onde as pessoas estavam tipo "ah, essas pessoas, as pessoas no lado leste do parque com a sua educação universitária, com tipo...". [...] Eu não sei, eu acho que havia uma espécie de menosprezo mútuo por várias razões, com base no que as pessoas valorizavam, se elas iriam satisfazer aquilo elas mesmas [ou não], "ah, eles são menos educados", "ah, tudo com o que eles se importam é falar sobre as coisas" (entrevista Becky Wartell, 2015; acréscimos meus).

É possível descrever as diferenças entre os lados da ocupação do Zuccotti Park em dois níveis fundamentais: o lado leste abrigava um maior número de barracas individuais, enquanto o lado oeste abrigava majoritariamente barracas coletivas. Aos olhos de alguns e algumas, as barracas coletivas demonstravam que "o lado oeste do parque era mais conectado e mais 'comunidade' do que o lado leste do parque" (entrevista Kitty, 2015). Ao leste, eram desenvolvidas as iniciativas de maior destaque do movimento: recepção, biblioteca, centro de mídia, imprensa, centro jurídico. No lado oeste, concentravam-se os grupos de infraestrutura: primeiros socorros, conforto, espaço artístico, área sagrada, círculo de baterias e tambores[39].

---

[39] É curioso perceber que o lado oeste forma um declive em relação ao lado leste, menos visível para quem está fora do parque e, comparativamente, com menos pontos de entrada e saída para as

Com o parque assim configurado, os "habitantes" do lado leste ressaltavam a importância de sentar-se, debater, refletir, conversar. No lado oeste, em contrapartida, prevalecia a valorização da experiência de acampar em um local público, de congregar uns com os outros e da celebração em geral – da música, dos sentidos etc.:

> Então... [pausa, respira] Eu acho que a maneira mais simples de colocar era o lado leste como pensante [as thinking] e o lado oeste era mais orientado para o fazer. E não é para dizer que o lado leste não estava fazendo coisas, era só que eles queriam seguir o processo, gastar muito tempo em reuniões e falar sobre o que vamos fazer e como vamos fazê-lo, tipo muita teoria, e o lado oeste era "nós não queremos filosofar [talk philosophy], nós queremos sair às ruas e fazer coisas". Então isso foi meio que, eu acho que era mais a forma essencial da divisão [leste e oeste] (entrevista Becky Wartell, 2015; acréscimos meus).

A divisão manifesta no espaço físico do parque expressava, portanto, a segmentação entre certas tradições políticas e de movimentos sociais dentro do movimento. Já foi dito que a tensão entre as inúmeras tendências que compunham o OWS marcou a sua trajetória. Ainda assim, a ideia de que era preciso "seguir o processo" prevaleceu.

Com isso, fatores como habilidades técnicas, domínio de tecnologia, engajamento com trabalho intelectual, familiaridade com longas discussões, boa comunicação oral e escrita, entre outros tornavam certos indivíduos e grupos mais aptos para atuar dentro do OWS. Em suma, o movimento acolhia e promovia disposições e práticas mais próximas ou associadas à classe média. E a contínua disputa em torno da formulação de demandas ilustra bem o quanto uma cultura de classe média era própria ao movimento, concedendo vantagens a quem a possuía.

---

linhas de metrô – o que o torna menos imediatamente acessível a visitantes, turistas, repórteres etc.

Sabe-se que o OWS optou por não se engajar com canais institucionais. Todavia, surgiram em suas fileiras um *Demands Working Group* e também um coletivo dedicado a *Vision and Goals* em função da autonomia que *occupiers* tinham para formar seus grupos de trabalho. O primeiro procurava sistematizar uma lista de exigências imediatas às autoridades; o segundo almejava formular uma agenda de longo prazo para o movimento envolvendo, se necessário, políticas públicas, legislação, eleições etc. Em tese, esses dois grupos não pertenciam àquele meio e enfrentavam hostilidades, mas conseguiram se sustentar mesmo que a contragosto de certos *occupiers*.

Para Stefan Fink, quando se tratava do *Demands Working Group,* a sensação era: "sabe aquelas pessoas da sua família que você não gosta, mas tem que conviver?" De fato, a permanência de tal grupo de trabalho nas fileiras do OWS deveu-se à sua capacidade de navegar aquele meio:

> Independentemente de alguém querer demandas ou não, eles [*Demands Working Group*] *sempre entenderam as regras do jogo*, por isso nós sempre os colocávamos [na assembleia] ao invés [de colocar] alguém sussurrando a um dos facilitadores na metade da reunião que tinha um acordo de um milhão de dólares com [inaudível] e que nós tínhamos que ter essa conversa agora ou então algo ruim iria acontecer – [...] essas coisas muito ridículas que aconteceram muito (entrevista Stefan Fink, 2015; grifo e acréscimo meus).

Segue um exemplo de como se adequar às "regras do jogo", segundo um dos membros do grupo de trabalho em questão:

> Agora, mais do que nunca, nós nunca terminávamos toda a agenda da reunião – e foi com o que os facilitadores estavam contando quando alocaram nossa proposta de uma demanda por último. "Você está apenas tentando nos silenciar!", eu os cobrei. Em vez disso, eles mantiveram que a agenda foi definida de acordo com a urgência. "Sim, bom,

nós precisamos urgentemente de demandas!". Eu discuti em vão, depois parti para tentar outra abordagem. Eu pedi aos outros grupos que estavam se apresentando se nos deixariam ir primeiro e, para minha surpresa, todos, exceto dois, concordaram. Aos dois itens foram distribuídos vinte minutos cada, mas duas horas se passaram e nós ainda não tínhamos falado. Às 8h45 da noite, os facilitadores finalmente nos chamaram [...]. Era agora ou nunca, então entrei na frente da assembleia com os outros dois selecionados para ler a proposta. *"Mic check!"* – eu gritei. *"Mic check!"* – a multidão respondeu. "Somos uma delegação..." – eu comecei. "Somos uma delegação..." – eles repetiram. "Do *Demands Working Group*" – eu continuei – a multidão ecoou, e uma dúzia na frente levantou-se juntos em uma linha de vetos. [...] Ela disse que não poderíamos apresentar nossa proposta porque o nosso grupo não tinha sido registrado na Assembleia Geral da Cidade de Nova York. Um/a amigo/a dela apressou-se com uma câmera e cegou-me dos milhares a repetirem suas palavras três círculos para trás. Minha mente correu contra suas vozes, então todo o parque ficou em silêncio. "O *Demands Working Group*" – eu comecei, nenhuma pista para onde seguir a partir daí. "Tem a impressão de que..." – eu fiquei paralisada novamente. Então, dei de ombros e disse: "nós somos, de fato, um grupo de trabalho". Quando a multidão terminou, houve uma ligeira pausa – então todos começaram a rir! Mesmo aqueles que não desejavam demandas não podiam levar a sério o estratagema burocrático fútil. Gritos soaram – "Deixe-os falar!" – mas já tinha passado das nove da noite, de modo que a discussão foi postergada.

Eu finalmente teria minha chance de falar na semana seguinte. No sábado, dia 5 de novembro, meus dedos estavam congelados e meu nariz escorria, minhas mãos estavam tremendo e eu estava apavorada de que minha voz pudesse me deixar

> na mão. [...] *Pare com isso!* Eu disse a mim mesmo, parada lá, congelada, olhando para eles olhando para mim. *Eles não são melhores do que você – você aprendeu a linguagem deles, você ganhou os diplomas deles. É a sua hora de falar e a vez deles de ouvir. Agora abra a sua boca e USE A SUA VOZ!*
>
> "*Mic check!*", eu gritei e me assustei com o poder do som que saiu. "'O poder não concede nada sem uma demanda'" – eu me apropriei dessas palavras ao dizê-las e então trouxe o preâmbulo – "'Nunca o fez e nunca o fará'". Frederick Douglass" E, evocando o seu espírito, eu passei para a nossa proposta de demanda *Jobs for All* (McMillan, 2016, p. 139-140; grifo da edição original; acréscimo meu).

O domínio dos procedimentos e das burocracias do OWS era crucial. O espaço requeria sujeitos capazes de construir uma *persona* cível confortável com o ato de falar em público, elaborar propostas, engajar em contínuos diálogos e negociar posições. Decerto, nenhuma das características citadas é exclusiva de uma classe social – e indivíduos excepcionais em relação à sua origem de classe existem. Elas não são, no entanto, presentes igualmente entre todas elas – ao contrário, são mais proeminentes em espaços de educação formal e outros ambientes típicos de classe média.

Tratando-se de uma cultura específica e interna ao movimento, pouco efetivos eram, por exemplo, os momentos de explicação sobre os sinais gestuais ao começo de toda assembleia ou os vários *workshops* executados por *occupiers*: "Nós demos ótimos treinamentos sobre como o processo funcionava, *mas o processo capacitava algumas pessoas sobre as outras*" (entrevista Nash, 2015; grifo meu). Com isso, é preciso entender por que as disparidades ocorriam – e continuavam a ocorrer, apesar de tudo que se tentou para o contrário.

3.3 É O PROCESSO, ESTÚPIDO

Não era necessário um perfil específico para participar do OWS, mas constatou-se aqui que ele se configurava como um espaço masculino, branco e de classe média. O movimento que se definia como igualitário refletia o próprio "sistema" que rechaçava. Como equacionar tal contradição?

Para chegar à resposta, relembro que o OWS se fundou sobre uma grande plasticidade, sendo capaz de incorporar inúmeros tópicos e bandeiras. Por exemplo, grupos de trabalho podiam discutir os contornos do sistema bancário mundial contemporâneo ou técnicas de meditação e artes marciais. Todo grupo de trabalho deveria aceitar, em tese, quem desejasse se incorporar e assumir as tarefas cotidianas ou excepcionais do grupo. Sem cargos e funções predefinidas, o movimento podia acomodar indivíduos vindos de diferentes caminhos e com diferentes experiências, ou mesmo nenhuma experiência, em ativismo. Sob um regime de descentralização e autonomia, era flexível quanto à forma e à intensidade de participação. Permitia a contribuição diária, em um ou múltiplos espaços e/ou grupos de trabalho, ou contribuição ocasional, em um ou outro coletivo ou somente na assembleia geral.

Também é preciso relembrar que o processo decisório do OWS envolvia longas discussões. Mesmo deliberações sobre temas corriqueiros – por exemplo, alocação de fundos para uma tarefa, iniciativa ou projeto – oscilavam em seus contornos finais, na medida em que deviam passar pelo crivo do consenso e, inevitavelmente, recebiam sugestões, ressalvas e impedimentos. Cada questão ou proposta era considerada em sua singularidade, segundo a maneira como a justiça restaurativa era ali trabalhada. Entendia-se que conflitos não seriam solucionados por meio de padrões punitivos ou "vingativos" e que resoluções para quaisquer impasses ou conflitos deveriam passar pelo crivo de vontades, expectativas, necessidades e moralidades de cada envolvido ou envolvida:

> E eu penso que o ponto da mediação é olhar para
> *os interesses subjacentes e os nossos valores*, em vez

> de "eu só quero batucar o dia todo" ou "eu quero
> dormir" ou "eu preciso trabalhar", essas são coisas
> importantes, mas qual é o valor subjacente, o valor
> subjacente pode ser que "eu preciso estar apto para
> planejar o meu dia", "eu preciso de alguma previsi-
> bilidade no meu dia, porque eu tenho uma família
> e isso é importante para mim", e talvez o valor
> dessa outra pessoa é se expressar e se sentir com
> um propósito, então quando você chega nesse tipo
> de lugares, onde você está estabelecendo os valores
> que esta pessoa carrega, então você pode criar
> mais opções (entrevista Angela, 2015; grifo meu).

O OWS estabeleceu critérios e procedimentos para a participação no espaço – embora nem sempre fossem respeitados.
Cada indivíduo deveria honrar o compromisso de "respeito e apoio
mútuo", "anti-opressão", "resolução de conflitos", "não-violência
em relação ao outro", "democracia direta" – diretrizes aprovadas
pela assembleia geral e pelo conselho. Também havia parâmetros
para o relacionamento interpessoal: cuidado com a linguagem física
e verbal, valorização de diversas formas e estilos de falar, agir e se
comportar, respeito às identidades, ao corpo e às propriedades dos
outros e outras; compaixão em relação às experiências alheias, especialmente aquelas de opressão, abuso e trauma; reconhecimento
de privilégios e maior vulnerabilidade de uns em comparação a
outros; atenção à manutenção da segurança coletiva e à violação
de regras; disposição para resolver quaisquer conflitos nas linhas
de comunicação não violenta.

Os critérios e procedimentos mencionados deveriam guiar
como *occupiers* haviam de se comportar internamente ao movimento. Porém, não havia acordo ou explicação compartilhada sobre
as estruturas econômica, política, racial, de gênero etc. constantemente mencionadas. O exemplo a seguir é ilustrativo:

> Raça surgiu em um dos primeiros itens da agenda
> e "Hector" (um jovem chicano de vinte e poucos
> anos) apaixonadamente declarou que raça era uma
> construção imposta para ser intencionalmente

rejeitada. "Sarah", uma afro-americana em seus vinte e muitos anos, na reunião como um representante da OWS *People of Color Caucus* (POC), veementemente objetou a caracterização de raça de Hector. Ela sugeriu que ele perguntasse às pessoas mais vulneráveis às táticas racistas de policiamento no Harlem se raça era algo que alguém poderia escolher rejeitar individual e intencionalmente.

À medida que o debate florescia e atraía outros, sinais gestuais para "questão de ordem" começaram a se levantar ao longo do círculo, pois alguns participantes expressaram sua opinião de que essa conversa não era parte da agenda da reunião. O facilitador reconheceu as questões de ordem e sugeriu que nós continuássemos. Sarah estava profundamente chateada, explicando que o espaço não parecia seguro para ela se não houvesse espaço para falar abertamente sobre raça. *Outros não sentiam que estavam interrompendo uma conversa sobre raça, mas sim que eles estavam "permanecendo no processo"*, na esperança de chegar em casa em um horário razoável. Essas experiências divergentes da noite não se encaixavam bem em linhas raciais. Havia pessoas diferentes em lados diferentes da questão, embora a identidade de homem branco do facilitador não colaborasse. A reunião eventualmente continuou e Sarah se levantou para ir embora, frustrada. Vários participantes interceptaram-na e tiveram uma intensa e solidária conversa de canto *sobre processo e privilégio* (Appel, 2012, p. 118; grifos meus).

A solução ao impasse retratado exigia que se adotasse uma posição sobre a questão de raça e sua relevância social e histórica – particularmente em meio ao sistema capitalista. O impasse foi abordado, todavia, como um problema de postura, linguagem, comunicação, procedimento – em suma, um problema de *processo*. O *modo* de fazer política foi transformado *na* política.

Em tal cenário, hierarquias – de gênero, de raça, de classe – puderam se desenvolver à medida que não encontravam um estabelecido referencial em contraposição, que pudesse servir de guia em momentos de discussão, decisão e, sobretudo, conflito. Em meio à "informalidade" da organização, o *status quo* inevitavelmente se reproduziria – tal qual inúmeras experiências do passado demonstram. A abertura do movimento, permitindo que qualquer um dele se aproximasse e nele interferisse, amplificou ainda mais as dificuldades.

Formação, metodologia, oficina, reunião, distribuição de "recursos" etc. – os mecanismos de *accountability* forjados pelo OWS mostravam-se insuficientes para reforçar a harmonia interna ou criar uma coesão mais orgânica, conforme cada um dos exemplos relativos a gênero, raça e classe demonstrou nas páginas anteriores. Dentro do movimento que forjaram, a única alternativa disponível aos *occupiers* era *processar o processo* – ou seja, constantes tentativas de modificar o modo como discutiam, se reuniam, cediam em suas propostas em favor de uma síntese, chegavam a eventuais decisões etc. No entanto, tal "solução" jamais poderia contornar a possibilidade de surgimento de posições inconciliáveis ou de dissenso insolúvel – fruto de perspectivas individuais e análises conjunturais distintas, socialização e pertencimento a tradições políticas e de movimentos sociais diferentes ou mesmo de sabotagem intencional, facilitada pela própria abertura do movimento:

> Nós tínhamos o conselho e a [nome da pessoa] estava lá, ela era uma mulher negra de meia-idade, tinha muitos problemas com a assembleia, conselho, muito franca... [...] parte do que ela dizia era verdade e nós precisávamos ter mais conversas sobre raça, gênero e classe... mas... [...] em um momento eu estava ajudando a facilitar o conselho, ela estava perturbando muito e... nós acabamos determinando um banimento dela do espaço e... foi perguntado a ela... "você precisa ir embora, mas, sabe, nós queremos ter um caminho para você voltar, você está interessada nisso? Sabe, passar por algum tipo de processo de resolução [de conflito], processo de justiça transformadora" e ela "não, fodam-se todos vocês" e foi embora. Mas é um

exemplo difícil, porque quer dizer... o processo obviamente não acabou acontecendo, em primeiro lugar, e então também... [...] o que teria acontecido se ela não fosse uma implantada da [nome da organização]? E se ela era tipo uma pessoa que estava lá, que tinha um problema, sabe... legítimo? (entrevista Marisa Holmes, 2015; acréscimo meu)[40].

O movimento caminhou progressivamente para imobilismo, incapaz de fazer frente às dinâmicas que havia gerado. Sua estrutura aberta, horizontal e flexível transformou-se em uma camisa de força que o prendeu em armadilhas criadas em seu próprio bojo. Conforme a reflexão do *occupier* Matt Presto em conversa com a autora:

> O Occupy era um espaço incrivelmente aberto, talvez muito aberto, e então... [...] E eu definitivamente aprendi muito sobre ativismo desde então, mas uma das grandes lições foi que nós criamos esse espaço sem... sem suficiente orientações específicas e acordos de comunidade e tudo mais e, como eu disse, era apenas um vale-tudo e foi... sabe, o lado negativo da inclusividade é... *por ser tão incrivelmente inclusivo você está à revelia excluindo outros*. Então, no começo, ele atraiu alguns direitistas, figuras da teoria da conspiração... eram somente algumas pessoas, não havia muitas [dessas] pessoas, mas eles tendiam a ser os mais barulhentos, tomavam o espaço e tudo mais *e, assim, ao incluí-los, a gente estava excluindo... judeus, imigrantes, pessoas não-brancas etc.* (28/03/2017; grifos e acréscimo meu).

---

[40] É importante relembrar que, como tudo no OWS, existiam as iniciativas *individuais* também para a resolução do tipo de conflito retratado no momento: "Um dos debates que frequentemente tinha uma pergunta é: o que você faz quando alguém é constantemente perturbador na assembleia geral, no conselho ou consistentemente... ou [quando] há acusações contra eles de que eles foram violentos com outra pessoa? E alguns de nós estávamos 'você precisa expulsá-los', o grupo, o levante como um todo não poderia concordar com aquilo, é um problema real, eu acho, então não expulsamos as pessoas com a frequência necessária, *embora alguns de nós fizemos isso como indivíduos que diriam 'todos somos autorizados a sermos autonomistas nesta coisa, então hora de expulsar alguém que não pertence'"* (entrevista José Martín, 2015; acréscimo meu).

CONTRADIÇÕES DA HORIZONTALIDADE: UMA ANÁLISE DO MO(VI)MENTO
OCCUPY WALL STREET E DA INSURGÊNCIA NO CENTRO DO CAPITALISMO GLOBAL

Preso no *processo,* ao OWS restava somente voltar-se para si mesmo. Em meio à estrutura organizacional criada, os atritos, as tensões, os conflitos, as contradições tendiam a aumentar – e não diminuir – e, no capítulo a seguir, revela-se uma outra dimensão de como as hierarquias continuaram a ser reiteradas no cotidiano, no dia a dia.

CAPÍTULO 4

O CICLO VICIOSO DO *OCCUPY WALL STREET*

> *"Foi mais bem-sucedido do que eu jamais imaginei que seria, apesar de ainda ter sido um fracasso monumental. Superou e não correspondeu às minhas expectativas ao mesmo tempo"* (entrevista Harrison Schultz, 2015)

Reconhecer que as hierarquias encontradas no interior do OWS expressam as mesmas hierarquias existentes na sociedade capitalista é fundamental para a compreensão do movimento e suas limitações. Todavia, a reflexão não pode parar em tal conclusão, pois isso levaria a uma visão restrita e a uma avaliação simplificada. Cabe seguir com a problematização e considerar certos desdobramentos e consequências da maneira como o movimento optou por se organizar:

> [...] durante a primeira semana, quando eu e aparentemente todos os outros estavam empolgados com o microfone humano e a suposta horizontalidade da Assembleia Geral, fiquei surpreso ao saber quão opressiva mesmo a [NYC]GA poderia parecer.

> "Eu odeio", uma *occupier* em seus vinte e poucos anos me disse durante uma cerveja. "Você não percebe que são sempre os homens mais barulhentos que conseguem fazer o microfone humano amplificá-los?"

> Não, eu não tinha percebido isso. Por um momento, até me ofendi em nome da técnica amada. Mas então eu pensei sobre e prestei mais atenção.

> Quando um cara grande queria fazer com que as pessoas ouvissem na praça, ele só tinha que

começar a gritar: *"Mic check! Mic check!"*. Aqueles com vozes mais quietas, no entanto, *tinham de reunir alguns amigos primeiro e garantir seu apoio e seus acordes vocais apenas para terem uma chance de possivelmente serem ouvidos* (Schneider, 2013, p. 65; grifo e acréscimos meus).

Considerando o comentário sobre reunir e contar com o suporte da "turma", as páginas a seguir têm como foco as relações dos *occupiers* entre si. A discussão concentra-se no forte traço de pessoalidade característico do OWS – segundo Mariano Muñoz-Ellías, "é difícil delinear, até que ponto, em quais esferas você era capaz de se mover, *era realmente quem você conhecia"*. Âmbito pessoal e âmbito político fundiram-se no OWS, com importantes lições sobre a forma como o movimento se constituiu.

4.1 POLITBURO 2.0

Com uma ocupação diuturna em um espaço público e segundo a orientação deliberada de não impor certas formalidades para a participação, o OWS permitia que qualquer pessoa minimamente interessada pudesse dele se aproximar:

> E algo que eu vi repetidamente, as pessoas vindo para oferecer o que eles podiam para a causa, certo... por exemplo, a cozinha era realmente interessante, porque havia todas aquelas pessoas trabalhando na cozinha e trabalhando e distribuindo comida, por exemplo, que trabalhavam na indústria de restaurantes de Nova York e que estavam vindo para o Occupy depois do trabalho ou antes do trabalho para fazer a mesma tarefa, mas com um significado completamente diferente e eu acho que havia um monte de maneiras através das quais o Occupy criou espaços para as pessoas repensarem, sabe, a importância de seus empregos e com o que eles poderiam contribuir para uma situação particular e se você é um médico ou um garçom ou um bibliotecário ou um tradutor ou...

Eu lembro que, uma vez, houve até um grupo de estilistas que veio porque eles tinham esta campanha... eles começaram, um grupo de estilistas e pessoas que trabalhavam na indústria da moda criaram um grupo de trabalho e fizeram um pouco de angariação de fundos e eles tinham um vídeo onde eles diziam [que,] infelizmente, aparências importam e, ao longo da história, as pessoas protestando por causas justas se arrumaram, tinham uma boa aparência, sabe, [e diziam] "nós queremos fazer o que a gente puder para fazer a aparência do Occupy bacana, assim a imprensa para de dizer que eles são apenas um monte de hippies ou um monte de malucos ou qualquer outra coisa". [...] houve uma grande marcha e esse grande grupo de pessoas da moda veio com ternos e cuidados de barbeiro e deu cortes de cabelo e roupas bacanas de graça pra uma pá de gente e eu pensei que, por um lado, aquilo era realmente bobo, mas, ao mesmo tempo, eu pensei que nenhuma dessas pessoas provavelmente tinha considerado as possibilidades políticas de seu trabalho, sabe... [...] ver um grupo de pessoas que trabalhava naquele tipo de indústria [e] que reivindicou este tipo de agência e reivindicou um poder de ressignificar o que eles faziam para viver, eu achei aquilo era realmente poderoso e realmente bonito, e de muitas maneiras diferentes isso aconteceu no parque (entrevista Sofía Gallisá, 2015; acréscimos meus).

Sabemos que é possível problematizar a possibilidade de participação no OWS à luz de lições do capítulo anterior. Mas a atmosfera de "novidade" do movimento que se dizia aberto escondia muito mais:

Então, eu conhecia duas pessoas do meu trabalho anterior que estavam profundamente envolvidas, uma das quais [estava] ligada a algumas das mobilizações de massa que ajudaram a organizar o 15 de outubro, que é um dos primeiros dias de ação realmente, realmente grandes, que veio bem de última hora e foi quando eu conheci pessoas que trabalhavam em grupos de trabalho muito diferentes, então foi um momento de *networking* muito bom. E aí a outra pessoa que eu conhecia era uma espécie de responsável pela construção do *movement building working group*. Então, sabe, é interessante, eu tinha que continuar... *mesmo que eu tenha dirigido uma rede de estudantes ativistas por um ano e mesmo que ele me conhecesse muito bem, eu ainda tinha que, tipo, forçá-lo a me convidar para essas reuniões, porque eu não estava no círculo interno* [*inner circle*], e isso era em apenas duas, três semanas... O círculo interno se formou rapidamente e se você não estivesse nele, era difícil saber o que estava acontecendo na rede [*network*], porque não havia nenhum mapa de rede, não havia nenhuma maneira de ver... [...] Eu tive [a experiência do parque], *eu comecei a vir para o parque, mas eu senti como se estivesse vindo como uma turista e foi muito difícil fazer o movimento de turista para* organizer. *E porque se você já não estivesse no círculo interno, é difícil descobrir os relacionamentos, não havia mapa, não havia ninguém... era muito... aquilo vivia na cabeça das pessoas* (entrevista Tamara Shapiro, 2015; grifos e acréscimos meus).

Falar de "círculo interno", tão sublinhado no testemunho de Tamara, significa um desafio àqueles e àquelas que procuram entender os movimentos sociais – sejam pesquisadores ou ativistas – na medida em que há certo embaraço na hora de dissertar sobre indivíduos capazes de exercer influência ou gerar impacto no coletivo – em suma, um ou uma *líder* –, mesmo que não haja atribuição formal ou explícita de um papel de comando:

Líderes desempenham um papel crítico na ação coletiva, moldando os movimentos de várias maneiras. Eles definem metas e avançam estratégias. Eles mobilizam seguidores, galvanizam organizações locais [*indigenous organizations*] e formam coalizões. Eles influenciam as respostas à repressão externa e sua ação, retórica e estilo afetam os resultados do conflito. No entanto, apesar da importância da liderança, ela continua sendo um tópico pouco estudado entre os pesquisadores de ação coletiva (Nepstad; Bob, 2006, p. 1).

Análises fundamentadas em estruturas e processos sociais expõem a contribuição de forças "maiores" e/ou a existência de certos mecanismos a moldarem os rumos de um dado movimento social – por exemplo, ressalta-se o papel das condições econômicas, a atuação do Estado, o impacto de eventual repressão, entre outros. Com isso, evita-se explicações no estilo "grandes homens do nosso tempo" – ou seja, análises simplistas que escondem a complexidade da atividade política, sempre determinada socialmente. Em contrapartida, a discussão sobre líderes termina muitas vezes descartada de antemão, pois o sujeito "some" ao longo do estudo.

Análises centradas na atuação de certos indivíduos destacam o ponto de vista daqueles envolvidos em um dado movimento social, suas vontades, seus sentimentos, o sentido de suas ações etc. – em contraposição a elementos exteriores ao agir. Contudo, tal destaque nem sempre considera que um conjunto de fatores se sobrepõem à ação do indivíduo, exercendo sobre ele variados graus de influência[41].

Inúmeros movimentos sociais também contribuíram para certa anemia da discussão sobre líderes por meio da reprodução do discurso que diz que é preciso uma forma de fazer política sem perpetuar a delegação de poder, sobretudo para quem se encontra em cargos superiores[42]. Tal ideia se aplica ao OWS, mas a postura não condiz com o que se passava nas fileiras do movimento:

---

[41] Certamente, os nós em relação ao lugar dos líderes não significam completa ausência da reflexão sobre o tópico. Há de se lembrar, por exemplo, a reivindicação da ideia de dominação carismática (*cf.* Weber, 2003) para retratar certos protestos e certas organizações, a discussão sobre capacidade estratégica dos dirigentes de uma organização política (*cf.* Ganz, 2000) e mesmo sombras do princípio da lei de ferro da oligarquia na abordagem do destino de importantes mobilizações ao longo do século XX (*cf.* Michels, 2001; Piven; Cloward, 1979). Não se tem, porém, uma reflexão sistemática sobre a questão.

[42] Como um exemplo, é possível pontuar o caso do subcomandante Marcos, ex-porta-voz do Exército Zapatista de Libertação Nacional (EZLN), surgido no México em 1994 e que, de acordo com o segundo capítulo, foi fonte de inspiração para o movimento altermundialista. Em um famoso

Mas muito do que eu vi, do que eu vivenciei eram as relações pessoais. Porque eu já estava envolvida com as assembleias antes, eu acabei sabendo desse lance do *Global Rev[olution*, primeiro canal de *livestream* na ocupação do Zuccotti Park] e fui na oficina e, porque eu já conhecia eles, eles já sabiam quem eu era e eu tinha passe livre. Inclusive, depois virou o guetozinho da mídia no meio do parque, que era meio o centro de controle, e eu podia entrar lá, as pessoas me conheciam, sabiam quem eu era, *enquanto outras pessoas que não conheciam, que chegaram depois, não tinham essa facilidade*, assim... Inclusive, depois eu acabei me envolvendo com o grupo do *Latin America*, que acabou rolando dois grupos com essa temática, o OWS em espanhol, que foi a assembleia que o pessoal lá da Espanha agitou, juntou muita gente e acabou virando América Latina e daí, desse grupinho, saiu o *Latam*, que era o grupo da *Latino América*, que juntou muita gente interessante também, a maioria acabava sendo estudante internacional que veio da América Latina, mas se conectou com vários grupos latinos interessantes. [...] Inclusive, eu era uma das poucas nesse grupo que estava desde a primeira fase, pré-ocupação, *e aí eu, nesses grupos, me via como uma ponte importante, porque eu sabia com quem eu falar, porque, apesar dos processos existirem*, por exemplo... o *Latam* não era um GT oficial, o *Latam* queria virar um GT pra estar no site lá, na nycga[. net] e, *pra estar nesse site tinha um processo, era fato que tinha que fazer esse processo, mas ninguém sabia,*

---

pronunciamento, o subcomandante procura tirar o foco de si: "Marcos é gay em São Francisco, negro na África do Sul, asiático na Europa, hispânico em San Isidro, anarquista na Espanha, palestino em Israel, indígena nas ruas de San Cristóbal, roqueiro na cidade universitária, judeu na Alemanha, feminista nos partidos políticos, comunista no pós-guerra fria, pacifista na Bósnia, artista sem galeria e sem portfólio, dona de casa num sábado à tarde, jornalista nas páginas anteriores do jornal, mulher no metropolitano depois das 22h, camponês sem terra, editor marginal, operário sem trabalho, médico sem consultório, escritor sem livros e sem leitores e, sobretudo, zapatista no Sudoeste do México. Enfim, Marcos é um ser humano qualquer neste mundo. Marcos é todas as minorias intoleradas, oprimidas, resistindo, exploradas, dizendo: Basta! Todas as minorias na hora de falar e maiorias na hora de se calar e aguentar. Todos os intolerados buscando uma palavra, sua palavra. Tudo que incomoda o poder e as boas consciências, este é Marcos".

> *"putz, a gente tem que ir na assembleia" e nunca se sabe se vai dar certo ou não, mas eu sabia que tinha que falar com o Drew.* Então nossas relações pessoais ajudavam... (entrevista Vanessa Zettler, 2015; grifos e acréscimos meus).

Com o reconhecimento da existência de um "círculo interno" do OWS, o ponto não é apontar os supostos "capas" do movimento. Como implícito na fala de Vanessa, é preciso entender que ele não funciona sem que haja a proeminência de alguns indivíduos. Como e por que isso acontece? A resposta indica que o OWS desenvolveu uma forma específica de se relacionar e trabalhar a partir de sua suposta abertura, horizontalidade e flexibilidade – cujas tensões foram se revelando à medida que o movimento se estendia.

É importante relembrar que o "processo" do OWS se traduzia em extensas reuniões e assembleias gerais, na consideração de toda opinião sobre qualquer tópico em debate, na necessidade de explicar de antemão cada sinal gestual utilizado e cada procedimento mobilizado nas discussões coletivas, na reflexão sobre a particularidade de cada caso e outros imperativos para garantir uma democracia "real".

Embora o "processo" fosse caracterizado como contrário à rigidez das estruturas formais, a verdade é que ele abriu caminho, ironicamente, para uma paulatina burocratização de certos espaços do movimento, exacerbada na medida em que este se ampliava de forma rápida – como recorda o *occupier* Isham Christie, "todo dia era diferente". Com isso, a capacidade de resposta do movimento entrou em descompasso com as exigências que se apresentavam – fosse uma necessidade básica da ocupação, fosse um conflito com as forças policiais etc. Era impossível que todos se engajassem em todas as atividades segmentadas em grupos de trabalho. Qualquer ação, sobretudo quando considerada "urgente", tornou-se justificável sob o argumento de que o movimento não podia parar.

> Ninguém [na assembleia] se apresenta de imediato e diz, mas parece um montante terrível de dinheiro [para gastar com lavanderia], e as pergun-

tas, e as questões de esclarecimento, insinuam essa preocupação. Onde a lavanderia seria feita? (Em Inwood, no norte de Manhattan, mais barato do que no Financial District). Para quê o dinheiro seria usado? (Principalmente [moedas de] quartos [de dólar, para fazer as máquinas funcionarem], mas também um caminhão para transportar a lavanderia sentido norte). Qual empresa de caminhão estava sendo usada e era a opção mais econômica? ("Eu não sei qual empresa está sendo usada, de qualquer forma", o jovem do comitê de lavandaria acrescenta, um tanto enigmático, "não temos escolha!"). Por que isso não foi levantado antes para que as pessoas pudessem ponderar? (É uma emergência). Nesse momento, o facilitador entra, talvez sentindo que a multidão está se voltando contra o jovem e sua proposta, e diz que ele [também] esteve presente nas deliberações do comitê de lavandaria. Esta é a melhor opção, diz ele, mesmo que não seja ideal.

Alguém pede ao jovem para explicar sobre o caminhão e ele o faz; o jovem não tem nada a esconder. O caminhão e seu motorista foram recomendados por um sindicato simpático e custará [US]$500. Agora estamos chegando a algum lugar: os sindicatos estão nos ferrando. Quinhentos dólares para um aluguel de um caminhão local por um dia? De repente, um homem chamado Arturo se levanta. Arturo tem um caminhão, ele declara, e ficaria feliz em doá-lo para a ocupação por um dia. Uma ovação sobe. Agora, quanto vai custar, perguntam as pessoas, já que o caminhão e seu motorista são de graça?

Vai custar o mesmo, diz o jovem.

Como isso é possível, ele é perguntado, quando Arturo acabou de abater [US]$500 do preço?

O caminhão do Arturo é muito apreciado, diz o jovem, e será útil no futuro, mas não pode ser usado neste caso.

> Por que não?
>
> Porque, o jovem finalmente admite, o caminhão e seu motorista já estão aqui. A roupa já está sendo colocada [no caminhão]. Foi uma emergência e medidas foram tomadas.
>
> A [NYC]GA assimila o que aconteceu – por que estamos discutindo por uma hora, se um acordo já foi feito? – e, em seguida, segue adiante e vota (Gessen, 2011, p. 196-197; acréscimos meus).

Do episódio supracitado, percebe-se a tensão entre tomada de iniciativa, de um lado, e submissão à decisão coletiva, de outro, percebida desde a época do planejamento da ocupação do Zuccotti Park. Tal tensão expõe a dificuldade de comunicação sustentada pela confusão em relação aos canais internos do movimento e princípios que o guiavam. A assembleia é sempre soberana? O que significa a autonomia individual e até onde ela vai? Qual é o "poder" dos grupos de trabalho?

Em meio a um equilíbrio tão instável – e que deveria se manter assim para que o movimento continuasse congregando os diversos interesses presentes –, funções passaram a ser "naturalmente" normalizadas em certas figuras:

> Você tinha pessoas que eu definiria como, especialmente agora [passado algum tempo], [elas] são os gerentes de rede [...]. Então, em cada grupo de trabalho, havia um número de pessoas chave e essas peças-chave sabiam quem eram as outras pessoas chave e eu, como o mantenedor da rede, eu ficava contornando todas essas pessoas, eu era, sabe... Você visita a reunião da cozinha todos os dias e você vê tipo "ok, essas três pessoas são as que estão sempre aqui, são elas que vão, elas mantêm a coerência do grupo, elas sabem o que está acontecendo no grupo". Então, se eu descobrisse em outra reunião que havia tipo... as pessoas [grupo] de mídia social podiam estar "ai, deus, temos 25 quilos de frango que foi entregue", então eu "você

> precisa dizer pro Joseph, você precisa dizer pra Amy, diz pra Amy, ela sabe o que fazer com isso". E então isso era essencialmente o que era, apenas uma rede informal de... pessoas nos grupos que estavam na área o suficiente, que tinham o tempo e a energia e, em seguida, as pessoas... os mantenedores de rede que acabavam tendo muitas conexões, então eu tinha muitas conexões e... rolava por aí e, eventualmente, em primeiro ou segundo grau, eu iria me conectar com um pedaço de informação para passá-lo, então você poderia ter uma mensagem como "algo está acontecendo" e [ela] iria viajar através de um par de pessoas até que atingia uma dessas chaves... pontos, é, pontos (entrevista Drew Hornbein, 2015; acréscimos meus).

Tomar o OWS como uma *rede,* conforme indicado por Drew, auxilia a compreensão do dilema dos líderes ou os "ilustres" de um movimento igualitário.

Ao longo deste livro, o termo *redes* foi largamente utilizado para falar das redes sociais da internet, ferramentas que ganharam grande impulso e destaque à medida que movimentos como o OWS emergiam. Mas certos autores falam em rede, por exemplo, também para marcar uma "nova" estruturação da sociedade contemporânea, na qual há o papel fundamental das tecnologias de informação e de comunicação (*cf.* Castells, 2008).

No presente capítulo, cabe salientar um aspecto da vasta e heterogênea literatura sobre redes: enquanto arranjo composto de inúmeros conjuntos e subconjuntos, pontos focais por vezes ligados em múltiplas direções, a rede subsiste na medida em que os sujeitos sentem e veem que, por meio dela, corre um fluxo de práticas informativas (por exemplo, reuniões, comunicados e boletins, confecção de documentos etc.) e se estabelece um canal comunicação (*cf.* Riles, 2001).

Se *informação* é o combustível das redes, não é de se estranhar que o acesso privilegiado a ela se transformasse em uma possibilidade, sobretudo em meio a um cenário de burocratização da assembleia geral, dificuldade de comunicação interna, confusão acerca da autonomia individual e normatização das funções em certas figuras. Com o acesso privilegiado à informação advém também a possibilidade de influenciar o movimento:

> Porque tinha essa coisa que acontece, eu vou ser completamente honesto: você aprende a escolher as pessoas com quem você pode trabalhar, que você acha que são capazes, talvez não exatamente com a mesma posição política que você, mas com quem você pode trabalhar, sabe... Eu poderia até compartilhar mais posições políticas com alguém que é marxista, em uma organização marxista, mas eles são muitas vezes terríveis de trabalhar e então... inconscientemente quase, você escolhe e descobre as pessoas com quem você pode trabalhar e aí você as convida para reuniões ou coisas assim... isso sempre aconteceu em partidos políticos, então *tinha esse tipo de coisa pra cacete, realmente tentar descobrir com quem você pode trabalhar, quem é bom, quem nem é exatamente como você mas o suficiente para que vocês possam fazer coisas juntos*, então você está sempre pensando em construir sua rede informal de pessoas, que querem fazer uma mobilização em massa, o que a maioria das pessoas queria fazer, convidar essas pessoas para uma reunião com os sindicatos e as organizações comunitárias. Então esse tipo de processo, em qualquer movimento, de descobrir com quem você pode trabalhar, quem é bom, quem é gente boa, quem pode fazer a parada rolar [*can get shit done*], é importante (entrevista, 2015; grifo e acréscimo meus).

No OWS, havia necessária eminência de certos indivíduos e, ao mesmo tempo, faltavam as ferramentas para lidar e controlar tal eminência. O movimento padecia com a dificuldade em definir o que era um ou uma líder, enquanto dramaticamente precisava deles para seu funcionamento; ao mesmo tempo, sua vaga concepção de horizontalidade bloqueava o processo de atribuição e cobrança de responsabilidade relativa a cada *occupier*.

Tal cenário gerou um forte clima de desconfiança, alimentado pela atuação perversa da NYPD e pelo iminente perigo de contra--ataque por parte das forças do Estado. Isso erodiu, aos poucos, o relacionamento interpessoal entre os participantes do movimento, colocando em xeque a própria construção de uma "comunidade" almejada pelo movimento e apontada como panaceia para os problemas contemporâneos.

> [...] assim, várias dessas pessoas que eu sei que participavam mais desse lado [discussões fora do espaço da assembleia], eu acho que são boas pessoas... Mas tinha momentos que você realmente pensava assim: "pô, eu tô aqui, mas assim... eu participar da assembleia e vir aqui pro parque é parte de uma grande lábia que a gente tá pagando; se eu quisesse realmente participar desse movimento, a conversa tá acontecendo em outro lugar". Tanto que o grupo de tecnologia teve acesso ao famoso escritório do Occupy que teve... um sindicato dos professores deu metade de um... de um piso, super escritório... e teve seus problemas, claro. [...] e aí chega anarquista de 18 anos de idade querendo entrar [no escritório] e você fala "você não pode entrar" e eles ficam putos da vida e eles têm toda razão. Claro que aqui é um espaço que alguém emprestou, aqui tem regra e tem sentido, mas... (entrevista, 2015; acréscimos meus).

É importante compreender que a desconfiança não se restringia a pessoas específicas, marcadas como "problemáticas", "suspeitas", "controladoras" ou "oportunistas". Fomentava-se uma competição entre os muitos grupos existentes no OWS – fossem eles organizações políticas, sindicatos etc., ou informais, como os grupos de afinidade:

> Eu me envolvi com a facilitação um pouco depois que eu continuei voltando para o parque, porque o lado oeste do parque decidiu que iria derrubar a assembleia geral ou sequestrar a assembleia geral, porque eles não sentiam que eles estavam sendo

representados, eles não sentiam que os problemas deles estavam sendo considerados por toda a comunidade, então... eu e algumas pessoas do lado oeste do parque tivemos uma reunião e aí, no dia seguinte, quando a [NYC]GA era para acontecer, nós chegamos lá tipo 10 minutos mais cedo e... nós meio que preparamos a [NYC]GA, nós pegamos o consenso das pessoas para ser os facilitadores e tudo mais, nós seguimos o procedimento que a facilitação teria tomado para instaurar uma assembleia geral e aí a facilitação colou [*rolled in*] e então "ei, esta não é a assembleia geral de verdade", eles ficaram "esta não é a assembleia geral porque esta não é a facilitação de verdade" e a gente "bom, essas pessoas escolheram os facilitadores, eles acabaram de consentir com a gente facilitar, isso é a assembleia geral, porque isso é uma assembleia e é pra falar sobre o que está acontecendo aqui no parque". "Ah, não, isso não é a assembleia geral legítima". "Não há assembleia geral legítima, porque é só assembleia geral". E então... [...] Foi [uma zona] [...]. Então, nós terminamos com um acordo de metade do time de facilitação deles e metade do nosso time de facilitação. [...] Sim, [deu certo], nós saímos da reunião vivos (entrevista Kitty, 2015; acréscimos meus).

O OWS era não só o movimento que se dizia sem líderes, mas tinha e precisava de indivíduos que tomassem a iniciativa, com potencial concentração de informação e de influência. Era também o movimento massivo que funcionava por meio de uma dinâmica das galeras, das turmas, dos "chegados".

4.2 O POLÍTICO É PESSOAL

Ao longo deste livro, usei longos trechos de entrevistas e conversas com *occupiers*. Por meio dos testemunhos, nota-se que o movimento tendia a envolver seus participantes por completo, tocando-os de maneira profunda, abrangente, e fazendo com que suas vidas fossem absorvidas conforme eles e elas destinavam mais tempo e aprofundavam sua participação. Se o binômio *confiança-desconfiança* moldava as relações internas do movimento, era porque ele se estendia para além das formalidades da política "estrito termo". Ao fazê-lo, o movimento não só adquiria um ritmo próprio, mas também imprimia uma marca particular, pessoal e personalista à sua forma de fazer política.

Toda a exposição até aqui demonstrou a criação de "um microcosmo em uma sociedade alternativa" (entrevista Atiq Zabinski):

> Eu estava na maior parte assistindo muito, quer dizer, honestamente, ver tantas pessoas diferentes conversando no parque, todos os tipos diferentes de conversa, pessoas jovens com pessoas idosas, pessoas de diferentes raças, pessoas de diferentes idades, pessoas de diferentes origens, pessoas de diferentes crenças, era um grupo gigante de conversas e todo mundo estava... todo mundo saiu da escuridão e foi como "oi, tudo bem, vamos falar sobre qualquer merda". E as pessoas estavam discutindo, e as pessoas estavam chegando com ideias e era como... as pessoas estavam colocando para fora o que elas precisavam pôr para fora por anos e... Então, só de ver essas conversas, quer dizer, eu poderia chorar às vezes apenas assistindo as pessoas tendo essas conversas, elas estavam esperando para encontrar umas às outras para ter essas conversas (entrevista Angela, 2015).

O fato de lançarmos um olhar crítico a cada aspecto da estrutura de organização do OWS não invalida a percepção de que o movimento criava uma atmosfera especial. O Zuccotti Park era um lugar excepcional apesar dos problemas e das dificuldades. Tanto é que sua "aura" emergia em outros momentos, quando se revivia, mesmo que parcialmente, aquela experiência. Seguem fragmentos das anotações sobre a comemoração do quarto aniversário do movimento, S17 2015, no próprio Zuccotti Park:

> O pessoal do *OccuEvolve* estava num momento de êxtase, com as pessoas da Robin Hood Tax e

um outro grupo de moradia, gritando *"We are the 99%!"*. Eu me aproximei um pouco mais deles e o Matt veio junto. Ele disse que aquele cara com o apito [que fica apitando no ritmo *"We! Are! The 99%!"* sem parar um segundo] é um cara de direita, do grupo do Ron Paul[43]. [...] Eu lembro que, umas horas antes de encontrar com ele [Matt], eu tinha mesmo reparado em um cara segurando um cartaz e saltitando de um lado para o outro na calçada da Broadway – ele ia pulando da Cedar [street] para a Liberty [street] e da Liberty para a Cedar sem parar [ver Figura 2 da Introdução] e sem falar com ninguém. [...] O engraçado foi que, enquanto estávamos ali parados, o Matt também notou a presença dele e explicou que o tal cara saltitante com o cartaz estava sempre no Zuccotti e que ele fazia isso o tempo todo, durante horas. Na hora, eu estava tentando entender a roda eufórica perto de nós e disse, meio zoando, que eu ia gritar qualquer coisa também; ele então respondeu: *"este é o Zuccotti, você pode ser louca aqui"*. [...] Conor, Manissa, Matt e eu ficamos conversando num pequeno círculo por um tempinho. [...] A Manissa comentou que estava feliz em ver o cara com o cartaz novamente e todos se lembraram de que ele nunca parava de pular. O Matt perguntou se alguém sabia quem ele era, no que a Manissa respondeu: "eu tentei falar com ele uma vez e ele disse que ele estava trazendo alegria para o movimento". Eu senti um pouco de um ar de nostalgia entre eles naquele momento (nota de campo, 17/09/2015; grifo e acréscimos meus).

De volta a 2011, com a expansão do movimento, a excepcionalidade daquele espaço passa a ser fonte de grande esperança nas possibilidades históricas então abertas:

Como eu disse, eu acho que o Occupy foi provavelmente o melhor momento da minha vida, ele me deixou maluco, eu literalmente achava que nós

---

[43] Ron Paul é um ex-deputado pelo estado do Texas. Como adepto do libertarianismo, ele propõe o enxugamento do Estado e outras posições fortemente liberais.

> teríamos a revolução em poucos meses, foi grande o quanto eu perdi a perspectiva e porque ele era... Antes dele... eu estava "isso não vai funcionar", eu ainda fiz, mas [pensava] "este não vai ser o próximo grande movimento social" e então ele era, eu fiquei "merda, foi possível. E se nós apenas continuarmos nesse ritmo por mais alguns meses e então teremos revolução?" (entrevista, 2015; acréscimo meu).

O movimento passa a ser registrado como parte da trajetória íntima de cada:

> [...] eu me lembro muito cansada, mas eu me lembro muito feliz assim. Mas o que eu lembro é o cansaço, que eu nem sei como, sei lá... nem sei como eu fazia aquilo, mas de mim muito estimulada, produtiva pra caralho, e influenciou minha vida pra sempre no sentido político, no sentido da minha identidade, eu acho que o lance que tem a ver com os Estados Unidos, mas do meu encontrar, da minha identidade, do meu reconhecimento como mulher, meu feminismo é graças ao Occupy, porque antes eu tinha uma ideia, mas eu não tinha prática, eu não tinha um discurso, que eu ganhei no Occupy, então se eu sou feminista é por conta do Occupy. [...] E aí enfim... e outra coisa que influenciou bastante foi essa metodologia de assembleia, que hoje em dia eu vou numa reunião e eu fico nervosa que as pessoas não têm metodologia, virou uma coisa incorporada em mim, metodologia do Occupy, eu tento propagá-la e eu fico nervosa quando as pessoas não estão usando e eu fico muito agradecida se estiverem fazendo metodologias parecidas, sabe (entrevista Vanessa Zettler, 2015).

Ou ainda:

> O Occupy salvou a minha vida. Antes do Occupy, eu estava passando por uma depressão muito ruim, um período de depressão, episódios de bebedeira desagradáveis, muito ruins, um dos meus grandes

> amigos morreu, foi ruim, e vir aqui para o Zuccotti, pela primeira vez na minha vida eu conheci gente que pensava como eu, que agia como eu, que tinha a visão da sociedade semelhante à que eu tinha, eu realmente tive esse senso de pertencimento pela primeira vez, o que eu nunca tive, isso me deu muita confiança, ele [Occupy] realmente mudou toda a maneira que eu olhava para a vida, ele me transformou em uma pessoa mais direta e reta [*more straightforward person*], em vez de alguém que, sabe, em vez de alguém que observa alguém pegando o touro pelos chifres, eu [mesmo] vou tomar o touro pelos chifres, quer alguém queira ou não. Então, sim, realmente mudou tudo, eu não seria um guia de turismo se não fosse pelo Occupy, [...] eu devo um monte de coisas ao Occupy Wall Street (entrevista Michael Pellagatti, 2015; acréscimos meus).

Seja em termos de formação política, seja em termos de crescimento pessoal, fato é que o movimento estimulava e absorvia grande energia de seus participantes, preenchendo suas rotinas e dando sentido às suas vidas:

> [...] houve um momento em que eu estava tão no coração dele [OWS] e era tão intenso e eu não bebi por dois meses, porque você sempre tinha que estar trabalhando [*be on business*], você sempre falava sobre o movimento e era tão urgente e simplesmente envolvia a sua vida toda, você não precisava de nada além dele, era como se você estivesse fazendo exatamente o que você precisava fazer, não há outras preocupações de tipo existencial como "o que estou fazendo com minha vida?", não, nós estávamos vivendo e fazendo história, e eu acho que isso é [algo] difícil de se desligar (entrevista, 2015; acréscimos meus).

Ainda que o grau de participação variasse entre os *occupiers* e as *occupiers*, o sentimento de urgência era generalizado:

> [...] as primeiras semanas foram aquela coisa, eu fui reativado, eu trabalhava pro trabalho super eficaz, que não é uma coisa que eu sou famoso por fazer. Eu trabalhava 5 horas, terminava tudo, era super focado, porque daí eu saia de lá e ia pro parque, ia pra casa às 9, 10 horas da noite e daí fazia trampo pro movimento até às 3 da manhã, acordava 9 da manhã no dia seguinte e repetia e era gostoso! É aquela coisa que... ter... como é que chama? Propósito. Ter um propósito te dá uma energia que não existe (entrevista, 2015).

Dentro da atmosfera especial que maravilhava os *occupiers*, percebe-se que toda a energia relativa ao OWS passa a ser canalizada por meio das relações pessoais. As conexões estabelecidas pelos *occupiers* transformaram-se no tecido do movimento. Consequentemente, os juízos de valor em relação às pessoas misturaram-se à análise e à avaliação dos rumos do movimento mesmo.

> Ei, Nara, foi legal conversar com você!

> Aqui vão algumas ideias de outras pessoas para conversar:

> [nome do ativista – email] [...] nós certamente operamos de maneiras muito diferentes, *mas ele é um cara sério.*

> [nome da ativista – email] Nós certamente operamos de forma muito diferente, *mas ela é uma pessoa honesta.*

> [...] [nome da ativista – email] [...] Eu não tenho certeza se ela tinha muita experiência política anterior, *mas ela se comprometeu de todo o coração* e estava realmente envolvida em muitas coisas de dinâmica interna [do movimento]. Ela agora vive em [nome do Estado] com um cara que também estava muito envolvido no Occupy. *Eles são pessoas muito boas.*

> [nome da ativista – email] [...] *Ela também é ótima* (comunicação pessoal da autora; acréscimo meu).

De fato, o desenvolvimento das relações pessoais e do movimento passaram a ser percebidos como a mesmíssima coisa:

> [...] [havia um] conflito em curso que nunca realmente foi abordado [dentro do grupo de trabalho], que foi entre, eu acho, eu e [nome da ativista] e... certeza de que ela concorda com isso... [silêncio] porque nós começamos... Eu não sei, houve um envolvimento romântico ali que foi fraturado muito rapidamente, porque havia um monte de coisas acontecendo, um período emocional muito acalorado e eu, pessoalmente, estava recebendo um monte de... eu estava alimentando um monte de paranoia, eu acho, de estar envolvido em ativismo pela primeira vez e também ver a maneira como as coisas estavam se desenrolando e *não ser capaz de confiar em pessoas com quem de alguma forma eu não via um acordo*, por isso aquilo era muito... no fim das contas, meio que *a nossa maneira de avaliar o que estávamos fazendo no grupo de trabalho... meio que colidiu e, porque a gente não concordava lá, eu também não confiava nela em outras esferas*, havia uma relação fraturada que ainda não se resolveu (entrevista, 2015; grifos e acréscimos meus).

A associação intensa entre dimensão pessoal e dimensão política é o produto derradeiro da estrutura de organização aberta, horizontal, flexível e sem líderes adotada pelo OWS. Por dimensão pessoal entende-se relacionamentos, sentimentos, foro íntimo, escolhas individuais, enquanto dimensão política envolve a cena pública, a relação com as instituições e outros atores.

A composição desse debate não é estranha à esquerda, em especial à esquerda dos Estados Unidos dos anos 1960 em diante, que tem no mote "o pessoal é político" um dos epicentros de suas discussões. Tal mote surgiu por meio do *Women's Liberation Movement*, com sua defesa de que a opressão sofrida pelas mulheres, inclusive aquelas comumente relacionadas à esfera privada (por exemplo, corpo, aparência, sexo, aborto, criação dos filhos, divisão do trabalho doméstico etc.), é produto de um sistema de dominação masculina – e não resultado de fatores individuais, de ordem psicológica, espiritual. Seu objetivo era legitimar a forma de atuação e abordagem do então emergente movimento feminista.

Sem negar o diagnóstico de tal movimento, cabe ressaltar que, no OWS, não havia bem uma distinção entre pessoal e político. Ainda, é o *pessoal* que, como um pacto mínimo entre os envolvidos e as envolvidas, passa a dar ritmo ao que vem a ser tomado como político ou como a própria política. Quais as consequências desse traço de pessoalidade e personalismo do OWS?

Há de se notar que os *occupiers* e as *occupiers* participavam de uma iniciativa que não podiam visualizar em sua completude. Da maneira como se conformava, o OWS não permitia aos seus membros a visão do todo, resultando em um movimento que se voltava cada vez mais para si:

> Todos os grupos de trabalho, todas as diferentes culturas, todas as diferentes facções que estavam emergindo, nós começamos a ficar muito isolados, nós começamos e *eu acho que muito é porque toda a coisa era muito grande para realmente compreender inteiramente em sua mente e, assim, simplesmente para não ficar louco, simplesmente para não... apenas para ser capaz de encaixar sua boca em torno desta maçã gigante, nós tivemos que encolher nossa perspectiva para o que estava na frente de nós*, sabe, então eu me tornei totalmente subsumido em questões da cozinha, eu sabia que havia um monte de coisas acontecendo lá fora, mas eu pensei "sabe de uma coisa, eu estou na cozinha, isso é o que eu estou fazendo, eu sei como fazer isso e é assim que eu estou ajudando". E eu notei que era muito semelhante a todos os grupos de trabalho de logística, *comfort, medics,* sabe, todos eles, os grupos de trabalho logísticos tinham muito mais coordenação entre si, eu acho, do que qualquer outro tipo de grupo, porque nós estávamos preocupados com a realidade física do parque e nós realmente tínhamos que coordenar uns com os outros. [...] seria muito mais difícil não coordenar do que coordenar

> um com o outro. Mas depois... mediação, segurança, o grupo de trabalho de chás, o grupo de trabalho de mídia, todos eles se tornaram muito isolados, todos eles se transformaram muito em sua própria espécie de mundo e eu sinto que este tipo de [inaudível], as dificuldades, porque isso também criou muito mais um tipo de mentalidade "nós e eles" versus "todos nós somos Occupy" [...] parte disso é apenas um resultado natural da especialização, sabe, na medida em que você faz algo de novo e de novo, você realmente se torna melhor naquilo, mas, ao mesmo tempo, sim, eu sinto que havia uma espécie de estagnação rolando, que também aconteceu (entrevista Chris, 2015; grifo e acréscimo meus).

À medida que o OWS se fechava em si, muitas características e procedimentos por ele adotados se converteram de próprios a exclusivos ou mesmo excludentes. Por exemplo, tanto *mic-check* quanto sinais gestuais serviram, ao início, para fortalecer a conexão entre *occupiers,* mas, aos poucos, geraram estranhamento ou uma distância em relação a quem se encontrava fora do OWS. Houve o fortalecimento de uma prática muito particular, descrita ao longo dos últimos capítulos, chegando enfim à ideia de que havia um "Occupy verdadeiro", o "nosso" movimento, algo que "a gente" criou:

> O Occupy é muito diferente pra mim do que é pra alguém que possa estar olhando de fora. De fora, Occupy é um movimento mundial que aconteceu em 82 países, em 900 cidades. Pra mim, o Occupy é sempre 60 pessoas. Então, é sempre esse grupo original, isso é o que ele era para mim, eu talvez olhe pra ele de forma diferente do que outras pessoas, então era só a gente aqui na cozinha pela manhã e, quando ele ficou grande, quando ele explodiu, sabe, eu não podia nem comer na *minha própria cozinha!* Eu tinha que comprar pizza no Steve's! (entrevista Michael Pellagatti, 2015; grifo meu).

Com alguns e algumas insistindo que havia sim um "Occupy verdadeiro", mais os grupos e os subgrupos tendiam a se cindir, criando rivalidades entre si. Um conjunto de tradições políticas e de movimentos sociais que, no início, estavam presentes no OWS passaram a ser taxadas de inadequadas – aqueles e aquelas que não seguiam os procedimentos não podiam fazer parte.

> [...] eu acho que um vanguardismo talvez seria o problema, que é comum talvez a esse grupo [majoritariamente branco e de classe média]. [...] no sentido de... [silêncio] dessa sensação de que o Occupy era uma coisa completamente nova... que era a salvação da esquerda, que era um encontro da... da melhor fórmula de como funcionar, sendo oposição, sendo resistência, eu acho que isso é que eu estou falando de um vanguardismo, de não prestar atenção que esses outros grupos [da esquerda de Nova York, em atividade antes do OWS] já trabalhavam de uma forma um pouco diferente por causa de tal e tal razão e porque essa tal razão pra esse grupo majoritariamente branco não é importante (entrevista Vanessa Zettler, 2015; acréscimos meus).

Havia ainda confrontos em relação a quem ou o quê era mais autêntico ao movimento, levando a um definhamento, sobretudo quando o Zuccotti Park foi "perdido" e o OWS precisou forçosamente lidar com mudanças em sua dinâmica:

> Por causa do trauma de estar naquele espaço e por causa da experiência e por causa da maneira como o poder funcionava interrelacionalmente entre as pessoas, o único tipo de pessoas que realmente podiam trabalhar e facilitar e conduzir as reuniões do Occupy, as pessoas tinham que ser daquele espaço, porque era simplesmente impossível entender as nuances das conversas e histórias e... [...] então tudo é pessoal, então não há nada que não seja pessoal na construção de um movimento como essa coisa. Então, quando você tem

> 300 pessoas em uma sala, as quais sentem todas um grande senso de urgência e importância e estão tentando fazer o seu trabalho de uma só vez, há muita informação sendo lançada, então, você meio que precisa de uma história de fundo de quem essas pessoas são e o que elas estão fazendo, então, se você vem de uma comunidade externa e você não sabe das nuances e o que realmente há na sala, você só sabe do quadro geral, você está perdendo a maior parte da história. [...] as reuniões podiam facilmente degenerar. Bastava apenas uma declaração inflamatória de uma pessoa no fundo da sala para todos explodirem, porque todo mundo estava no limite o tempo todo e eu acho que as pessoas estavam no limite porque elas não estavam sendo ouvidas, elas não estavam se sentindo e, mais do que não sendo ouvidas, elas não estavam sentindo que estavam construindo o que elas queriam, elas queriam ser ouvidas e coordenar e fazer a parada acontecer [*get shit done*], todo mundo estava lá para fazer a parada acontecer, *nós não iríamos para essas reuniões realmente tóxicas de novo e de novo, se nós não tivéssemos um comprometimento muito alto com fazer a parada acontecer* (entrevista Stefan Fink, 2015; grifo meu).

Aqui se revela, enfim, um delicado traço da prática política do OWS: em um movimento que demandava enorme quantidade de tempo e energia de seus participantes, envolvendo suas vidas de maneira profunda e íntima, emergiu um forte desgaste físico e emocional. Episódios de fúria, ataques de ansiedade ou pânico e sentimentos como tristeza, depressão, perda, luto e solidão passaram a fazer parte daquele cenário. Como esperado, tais episódios propiciaram ainda mais dificuldades:

> Então, o [nome do ativista] me disse, talvez em dezembro de 2011, ele estava "olha, muitas pessoas vão ficar realmente deprimidas, porque tá ligado..." e eu lembro que ele estava me falando e eu estava "na moral? é?" e ele "é, porque elas pensam que

> a revolução está para acontecer e não está. Isso é o que acontece, a merda acontece em ciclos e as pessoas vão ter altos e baixos e avançar e recuar, isso é o que vai acontecer, as pessoas vão..." e é interessante, o [nome do ativista] mandou a letra e eu vi isso, aconteceu, *pessoas diferentes tiveram, pessoas diferentes se tocaram em momentos diferentes, as pessoas experimentaram isso [ficar deprimido/a] em momentos diferentes, mas todos nós passamos por isso,* saca... (entrevista Nash, 2015; grifo e acréscimo meus).

Com o passar do tempo, vários participantes sentiram – e expressaram – que os problemas se deviam, em larga medida, ao fato de que o movimento tinha crescido demais. No início, parecia (relativamente) mais simples coordenar as tarefas e as atividades, porque os grupos de trabalho estavam próximos um do outro no parque, porque todo mundo se conhecia, porque as pessoas vinham trabalhando há cerca de dois meses juntas, e porque dentro de um coletivo menor é possível escutar, debater e chegar ao consenso esperado.

Em suma, inúmeros motivos justificariam que aquele movimento que tinha, em seu germe, o impulso de abarcar todo mundo – os 99% – só poderia funcionar se fosse e se mantivesse pequeno. O OWS se superou e também pecou pela grandeza – ou, pelo menos, uma parte daquele movimento pensava assim.

CONCLUSÃO

VÍCIOS E VIRTUDES DO *OCCUPY WALL STREET*

> *"as tensões eram as tensões da esquerda dos Estados Unidos. Tipo, todo problema, tensão estratégica, toda limitação de uma estratégia política versus outra, tudo isso influenciou o Occupy, de forma muito variada"* (entrevista Isham Christie, 2015)

O segredo do OWS está na forma do OWS – esta é a tese que guiou o presente trabalho. Partindo de uma breve história do movimento, cada um dos capítulos aprofundou um aspecto relativo à sua estrutura de organização. Primeiro, resgataram-se o passado imediato e o passado distante de tal estrutura, para entender como ela foi impactada pelas mobilizações nacionais e globais contra austeridade no primeiro semestre de 2011, e como ela se conectava com a longínqua tradição de movimentos alinhados à democracia participativa. Em seguida, mostrou-se como a estrutura de organização do OWS se comportava no que tange à classe, à raça e ao gênero. Finalmente, discutiu-se a força da dimensão interpessoal do movimento. Aos poucos, revelou-se como o OWS buscava ser horizontal, aberto e massivo, mas, na prática, promovia hierarquias internas, impunha barreiras à participação e fechava-se em si mesmo.

Com base no que foi levantado, o OWS pode ser sintetizado no que chamo de *dualidade trágica*. Tal dualidade pode ser compreendida em dois níveis. Em primeiro lugar, cada aspecto do movimento então tomado como forte e positivo era também uma fraqueza, uma vulnerabilidade. Sua abertura facilitava o envolvimento e a contribuição de inúmeras maneiras, tornando-o potencialmente plural, só que também facilitava a presença de interesses em descompasso. Com sua notável descentralização, o OWS ganhava forte vitalidade por meio de uma infinidade de atividades que ocorriam simultaneamente, só que também gerava uma especialização "forçada" e seus membros eram presenteados com uma tendência ao isolamento. Em segundo lugar, o movimento ficou preso ao arranjo que criara e a flexibilidade tão defendida se tornou uma espécie de camisa de força. Sublinhei que o OWS se assentava sobre um equilíbrio instável. Sob o risco de destruí-lo, restava tão somente pensar e repensar sobre seus contornos.

A dualidade trágica mostra que os pontos fortes e os pontos fracos do OWS se uniam de maneira muito íntima. Tanto que eliminar suas limitações seria também eliminar suas potencialidades e, assim, transformá-lo por completo, torná-lo outro movimento. O OWS ensina, portanto, que a "forma" de um movimento não é neutra. A maneira como um movimento se organiza afeta sua prática e o "conteúdo" de sua política.

Conforme alertado desde a Introdução, uma infinidade de grupos de trabalho surgiu com o fim da ocupação do Zuccotti Park em novembro de 2011. Suas trajetórias variaram muitíssimo, em função de fatores internos e externos. Por exemplo, um grupo de cunho "operacional", relacionado ao espaço físico da ocupação, não teve destino semelhante ao de cunho "político", relacionado à execução de ações diretas, comunicação com o "exterior", confecção de alianças etc. Muitos dos grupos de trabalho por eles criados foram ativos por anos e, durante um período, foi possível mobilizar inúmeras intervenções com base no OWS "porque tinha muita organização, muito ativismo na cidade, você apenas fazia um chamado e se fosse uma questão que era legal e sexy e que era, sabe, importante para as pessoas, as pessoas vinham" (entrevista Mariano Muñoz-Elías, 2015).

Não é difícil imaginar que a existência de tantos grupos em sequência à ocupação do Zuccotti Park, dado as dinâmicas conturbadas do OWS, levaria a uma "briga pelo nome *Occupy*" – tal qual colocado em inúmeras entrevistas:

> [...] qualquer coisinha posteriormente tinha que ser comparada com o Occupy em Nova York [...]. *Toda vez que alguém estava tentando organizar algo, alguém dizia "ah, no Ocupar Wall Street, nós fizemos assim" e então outra pessoa dizia "não, nós não fizemos assim"*, mas é natural, é normal, né, acontece com esse tipo de *evento único ou algo assim...* (entrevista Matt Tinker, 2015; grifos meus).

Como então pensar suas consequências quando a "filiação" do OWS era tão fluida e nem mesmo o fim do movimento pode ser estabelecido precisamente? A ideia de "evento único" salientada por Matt indica um caminho produtivo para pensar o legado do movimento: o OWS foi um ponto de inflexão, conforme é evidente no relato de Mariano.

> Eu estando por aqui desde [19]99, sendo ativo neste país desde [19]99 ou por aí, eu sei, posso sentir, está no dia-a-dia, eu leio, eu sinto, eu escuto, as pessoas, sabe... você está aqui [por causa do movimento]. Existe definitivamente um "antes do Occupy" e "depois do Occupy" [...]. Eu acho que você pode demarcar definitivamente o pré e o pós Occupy. Com certeza. Devido às ocupações, à maneira com que milhares de pessoas, até milhões, se tornaram ativas, as pessoas se tornaram ativistas depois do Occupy, você provavelmente conheceu algumas delas, pessoas que não estavam ativas antes. Ah, sim, elas tinham preocupações sociais [*were socially minded*], [eram] socialmente conscientes, mas elas não eram realmente *organizers* ou ativistas, sabe, e, depois do Occupy, elas tiveram uma grande radicalização e elas vão continuar, eu acho, dentro do movimento, onde quer que elas estejam, isso é muito significativo, além das pessoas que perceberam isso, mesmo que não tenham ido ao parque, não tenham feito muito, as pessoas estavam lendo muito sobre isso, a mídia estava cobrindo, as pessoas viram o Facebook, Twitter, mídias sociais, muitos jovens sabiam sobre essas questões e nem

> todas elas eram cobertas pela mídia corporativa. Eu acho que a maneira como as pessoas falam sobre política neste país mudou definitivamente e eu posso encontrar algumas citações de pessoas que realmente sabem do que estão falando, sobre como o jargão mudou, o jargão político mudou depois do Occupy (entrevista Mariano Muñoz-Elías, 2015; acréscimos meus).

Mais de uma década após seu surgimento, é possível confirmar que há um "antes e depois" do OWS, considerado na fala de Mariano. Por meio do OWS, um discurso a contestar o capitalismo consolidou-se no país – para além de círculos acadêmicos e ativistas – dando vazão a uma crítica social mais profunda. Aos poucos, porém, a ideia de que o capitalismo explora universalmente, subjugando todos e todas às suas dinâmicas de modo semelhante, perdeu força. E nisso, o OWS também cumpriu um papel – sobretudo em função de dificuldades e desafios que enfrentou, tanto explorados neste livro. O argumento de que o capitalismo é racial, ou seja, necessariamente estruturado em uma lógica e em dinâmicas racistas, tem maior apelo à luz dos erros anteriores de um movimento que – a despeito dos esforços de certos participantes – "não enxergava cor". Não é à toa que nos anos seguintes ao OWS (re) emergiram o *Black Lives Matter Movement* e bandeiras como a abolição de prisões e da polícia – instituições eminentemente racistas.

Com mais de uma década de distância, também é possível observar que o que se sente e se expressa sobre o movimento também mudou. O capítulo segundo mencionou o quanto a tensão entre *processo* e *resultado* estava presente no OWS – e um exemplo pôde ser visto quando o capítulo terceiro trouxe o caso do *Demands Working Group*. Enquanto a crença de que a existência de problemas no processo foi o que invalidou o movimento – seja por falhas do processo em si, seja por sua escala inadequada –, era notável quando ele estava em declínio ou era uma memória recentíssima, foi ganhando saliência posteriormente o argumento de que, na verdade, faltaram resultados. Tal argumento decerto podia ser encontrado entre alguns *occupiers* logo nos primeiros momentos do "pós-OWS" – conforme explica Atiq Zabinski:

> Antes do Occupy, meu sentimento era mais pró-
> -anarquista do que qualquer coisa. Eu falava "eu
> não tenho uma ideologia política", o anarquismo
> me atraía mais do que qualquer coisa. Bom, eu
> aprendi por que você precisa ter um partido revo-
> lucionário. Por que você precisa de liderança, por
> que você precisa de disciplina, as pessoas põem o
> ego delas de lado, você precisa de um plano, você
> precisa de uma teoria... exposta no sentido de que
> você não pode ter uma revolução sem um partido
> revolucionário, eu nem sabia por que as pessoas
> pensavam isso, agora eu entendo (entrevista, 2015).

A ascensão da (extrema) direita, no entanto, convenceu mais e mais gente de que vitórias tangíveis, aspectos formais de organização e mesmo um programa faltaram não só ao OWS, mas também a outros movimentos dos anos 2010 referidos na Introdução (*cf.* Bevins, 2023).

A narrativa sobre o OWS continua em disputa[44] e, sem demandas formais, considerar seu "sucesso" é ainda mais complicado – e nenhum movimento social deve ser avaliado somente sob um único prisma. Prefiro pensar que o OWS foi um "momento de loucura", segundo a formulação de Zolberg (1972) – sendo assim, ele subverteu as narrativas do que era possível e exequível, encurtando a distância entre o presente e o futuro almejado. Ele foi, enfim, um momento que se tornou um movimento e um movimento que entrou para a história como um grande momento. Exigir mais dele, que tanto e a tantos inspirou, faz sentido; todavia, à luz das condições de sua emergência e seu tempo, também não faz.

---

[44] Considerar, por exemplo, o trabalho de Holmes (2023) que reitera a perspectiva de que o OWS foi um movimento anarquista e autonomista corrompido pela esquerda tradicional.

Figura 1 – Zuccotti Park, abril de 2016

Fonte: arquivo pessoal da autora

REFERÊNCIAS

AGRIKOLIANSKY, Eric. "L'altermondialisme en temps de crise: Réflexions sur un déclin annoncé". *Mouvements*, Paris, n. 50, p. 33-41, 2007.

ARIAS, Santiane. *O perfil de classe média do movimento altermundialista*: o caso da ATTAC. Tese (Doutorado em Ciência Política) – Campinas: IFCH/Unicamp, 2011.

ARNESEN, Eric. "Following the Color Line of Labor: Black Workers and the Labor Movement Before 1930." *Radical History Review*, Atlantic Highlands, v. 55, p. 53-87, 1993.

AZZI, Diego A. *Sujeitos e utopias nos movimentos antiglobalização*. Dissertação (Mestrado em Sociologia) – Faculdade de Filosofia, Letras e Ciências Humanas da Universidade de São Paulo, São Paulo, 2007.

BARBER, Benjamin R. *Strong Democracy*: Participatory Politics for a New Age. Oakland: University of California Press, 2003.

BEVINS, Vincent. *If We Burn*: The Mass Protest Decade and the Missing Revolution. New York: Public Affairs, 2023.

BLINDER, Alan S. "The Macroeconomic Policy Paradox: Failing by Succeeding". *The ANNALS of the American Academy of Political and Social Sciences*, Philadelphia, n. 650, p. 26-46, 2013.

BOAL, Iain; STONE, Janferie; WATTS, Michael (eds.). *West of Eden*: Communes and Utopia in Northern California. Binghamton: PM Press, 2012.

BOOKBINDER, Rose; BELT, Michael. "OWS and Labor Attempting the Possible: Building a movement by learning to collaborate through difference". *In*: KHATIB, Kate; KILLJOY, Margaret; MCGUIRE, Mike (org.). *We Are Many*: Reflections on Movement Strategy From Occupation to Liberation. Oakland: AK Press, 2012.

BOURDIEU, Pierre. *Pierre Bourdieu: sociologia*. São Paulo: Ática, 1983.

BOURDIEU, Pierre. "What Makes a Social Class? On The Theoretical and Practical Existence Of Groups". *Berkeley Journal of Sociology*, Berkeley, v. 32, p. 1-17, 1987.

BOURDIEU, Pierre. "A gênese dos conceitos de habitus e de campo". *In: O poder simbólico*. Rio de Janeiro: Bertrand Brasil, 2003.

BRAY, Mark. *Translating Anarchy:* The Anarchism of Occupy Wall Street. Hants: Zero Books, 2013.

CAMPBELL, Andrea Louise; SANCES, Michael W. "State Fiscal Policy during the Great Recession: Budgetary Impacts and Policy Responses". *The ANNALS of the American Academy of Political and Social Sciences*, Philadelphia, n. 650, p. 252-273, 2013.

CASTELLS, Manuel. *O poder da identidade*: a era da informação: economia, sociedade e cultura. São Paulo: Paz e Terra, 2008. v. II.

CORNELL, Andrew. *Oppose and Propose!* Lessons from Movement for a New Society. Oakland: AK Press, 2011.

CORNELL, Andrew. *Unruly Equality:* U.S. Anarchism in the Twentieth Century. Oakland: University of California Press, 2016.

COX, Ronald W. "The Occupy Movement: Two Steps Forward, One Step Back". *Class, Race and Corporate Power*, Miami, v. 1, n. 1, 2013.

D'ALMEIDA, Alexandre Rodrigues. "A Estratégia Americana de Enfrentamento da Crise de 2008 e a Guerra Cambial". *IV Encontro Internacional da Associação Keynesiana Brasileira (AKB) – Anais*. Rio de Janeiro, 2011.

DEAN, Jodi. "Claiming a division, naming a wrong". *In:* In: TAYLOR, Astra; CESSEN, Keith et al (org.). *Occupy!*: scenes from occupied America. New York: Verso, 2011.

DUDA, John. "Where Was the Social Forum in Occupy?". *In:* KHATIB, Kate; KILLJOY, Margaret; MCGUIRE, Mike (org.). *We Are Many*: Reflections on Movement Strategy From Occupation to Liberation. Oakland: AK Press, 2012, p. 275-282.

DUBOIS, W. E. B. *Black Reconstruction in America, 1860-1880, with an introduction by David Levering Lewis.* New York: Free Press, 1998 [1935].

EDELMAN, Marc. "Peasant-farmer movements, third world peoples, and the Seattle protests against the World Trade Organization, 1999". *Dialectical Anthropology*, Berlin, v. 33, n. 2, p. 109-128, 2009.

EVANS, Peter. "Movimentos nacionais de trabalhadores e conexões internacionais: a evolução da arquitetura das forças sociais do trabalho no neoliberalismo". *Cadernos CRH*, Salvador, v. 28, n. 75, p. 457-478, 2015.

FERREE, Myra Marx; MARTIN, Patricia Yancey (ed.). *Feminist Organizations*: Harvest of the New Women's Movement. Philadelphia: Temple University Press, 1995.

FRANTZ, Courtney; FERNANDES, Sujatha. "Whose Movement Is It? Strategic Philanthropy and Worker Centers". *Critical Sociology*, advanced online publication, p. 1-16, 2016.

FREEMAN, Jo. "The Tyranny of Structureless". *Berkeley Journal of Sociology*, Berkeley, n. 17, p. 151-165, 1972-1973.

GANZ, Marshall. "Resources and Resourcefulness: Strategic Capacity in the Unionization of California Agriculture, 1959-1966". *American Journal of Sociology*, Chicago, n. 105, p. 1003-1062, 2000.

GESSEN, Keith. "Laundry Day". *In*: TAYLOR, Astra; CESSEN, Keith *et al.* (org.). *Occupy!*: scenes from occupied America. New York: Verso, 2011.

GOULD-WARTOFSKY. Michael A. *The Occupiers*: the making of the 99 percent movement. New York: Oxford University Press, 2015.

GRAEBER, David. "The New Anarchists". *New Left Review*, London, v. 13, jan./fev., p. 61-73, 2002.

GRAEBER, David. *Direct Action:* An Ethnography. Oakland, CA: AK Press, 2009.

GRAEBER, David. "Enacting the Impossible (On Consensus Decision Making)". 2011. Disponível em:

http://occupywallst.org/article/enacting-the-impossible/. Acesso em: 29 set. 2016.

GRAEBER, David. "Occupy Wall Street's Anarchist Roots". *In*: BYRNE, Janet (org.). *The Occupy Handbook*. New York City: Back Bay Books, 2012, p. 141-149.

HADDEN, Jennifer; TARROW, Sidney. "The Global Justice Movement in the United States since Seattle". *In*: DELLA PORTA, Donatella (org.). *The Global Justice Movement*: A Cross-National and Transnational Perspective. Boulder: Paradigm, 2007.

HARDT, Michael; NEGRI, Antonio. "The Fight for 'Real Democracy' at the Heart of Occupy Wall Street: The Encampment in Lower Manhattan Speaks to a Failure of Representation". *Foreign Affairs,* New York, 11 out. 2011. Disponível em: https://www.foreignaffairs.com/articles/north--america/2011-10-11/fight-real-democracy-heart-occupy-wall-street. Acesso em: 01 jul. 2013.

HARVEY, David. "Os rebeldes na rua: o Partido de Wall Street encontra sua nêmesis". *In*: HARVEY, David *et al*. *Occupy*: movimentos de protestos que tomaram as ruas. São Paulo: Boitempo; Carta Maior, 2012.

HOLMES, Marisa. "The center cannot hold: a revolution in process". *In*: KHATIB, Kate; KILLJOY, Margaret; MCGUIRE, Mike (org.). *We Are Many*: Reflections on Movement Strategy From Occupation to Liberation. Oakland: AK Press, 2012.

HOLMES, Marisa. *Organizing Occupy Wall Street:* This is Just Practice. London: Palgrave Macmillan, 2023.

JURIS, Jeffrey S. "Spaces of intentionality: race, class, and horizontality at the United States Social Forum". *Mobilization*: An International Journal, Chapel Hill/San Diego, v. 13, n. 4, p. 353-371, 2008.

JURIS, Jeffrey S.; BUSHELL, Erica G.; DORAN, Meghan; JUDGE, J. Matthew; LUBITOW, Amy; MACCORMACK, Bryan; PRENER, Christopher. "Movement Building and the United Social Forum". *Social Movements*

Studies: Journal of Social, Cultural and Political Protest, Oxfordshire, v. 13, n. 3, p. 328-348, 2014.

KAZIN, Michael. *The populist persuasion:* an American history. New York: Basic Books, 1995.

KRINSKY, John; GETSOS, Paul. "'We just need to go Egypt on the ass!' The Articulations of Labor and Community Organizing in New York City with Occupy Wall Street". Apresentação em *Protest and Politics Workshop* – The Graduate Center, CUNY. Nova York, 15 de março de 2012.

LEONDAR-WRIGHT, Betsy. "What about those hand signals?". *Mobilizing Ideas,* 1 dez. 2011. Disponível em: https://mobilizingideas.wordpress.com/2011/12/01/what-about-those-hand-signals-2/. Acesso em: 27 out. 2015.

MAHARAWAL, Manissa McCleave. "So Real It Hurts". *In*: KHATIB, Kate; KILLJOY, Margaret; MCGUIRE, Mike (org.). *We Are Many*: Reflections on Movement Strategy From Occupation to Liberation. Oakland: AK Press, 2012.

MACPHERSON, C. B. *The Life and Times of Liberal Democracy.* New York: Oxford University Press, 1977.

MCMILLAN, Cecily. *The Emancipation of Cecily McMillan*: An American Memoir. New York: Nation Book, 2016.

MEYER, David S.; WHITTIER, Nancy. "Social Movement Spillover". *Social Problems,* Knoxville, n. 2, p. 277-298, maio 1994.

MICHELS, Robert. *Para uma sociologia dos partidos políticos na democracia moderna:* investigação sobre as tendências oligárquicas da vida dos agrupamentos políticos. Lisboa: Antígona, 2001.

MILKMAN, Ruth. "The Double Game of Unions and the Labor Movement". *In*: JASPER, James M.; DUYVENDAK, Jan Willem (ed.). *Players and Arenas:* The Interactive Dynamics of Protest. Amsterdam: Amsterdam University Press, 2015.

MOODY, Kim. *US Labor in Trouble and Transition:* The Failure of Reform from Above, the Promise of Revival from Below. New York: Verso, 2007.

NEPSTAD, Sharon Erickson; BOB, Clifford. "When do leaders matter? Hypotheses on leadership dynamics in social movements". *Mobilization: An International Journal*, Chapel Hill/San Diego, v. 11, n. 1, p. 1-22, 2006.

NEW YORK TIMES, The. "With Cuts, Cuomo Offers Shrunken Budgets". *The New York Times*, 1 fev. 2011. Disponível em: http://www.nytimes.com/2011/02/02/nyregion/02budget.html?_r=0. Acesso em: 14 de out. 2016.

NUGENT, David. "Commentary: Democracy, temporalities of capitalism, and dilemmas of inclusion in Occupy movements". *American Ethnologist*, Arlington, v. 39, n. 2, p. 280-283, 2012.

OCCUPY WALL STREET SAFER SPACES WORKING GROUP. "Transforming Harm & Building Safety: Confronting sexual violence at Occupy Wall Street and beyond, 4 November 2011". *In:* LANG, Amy Schrager; LANG/LEVITSKY, Daniel. *Dreaming in Public:* Building the Occupy Movement. Woodford: Versa Press, 2012.

ORTELLADO, Pablo. "Os protestos de junho entre o processo e o resultado". *In:* JUDENSNAIDER, Elena; LIMA, Luciana; POMAR, Marcelo; ORTELLADO, Pablo. *Vinte centavos:* a luta contra o aumento. São Paulo: Veneta, 2013.

PATEMAN, Carole. *Participation and Democratic Theory.* New York: Cambridge University Press, 1970.

PIANTA, Marco; MARCHETTI, Raffaele. "The Global Justice Movements: The Transnational Dimension". *In:* DELLA PORTA, Donatella (org.). *The Global Justice Movement:* A Cross-National and Transnational Perspective. Boulder: Paradigm, 2007.

PIKETTY, Thomas. *Capital in the twenty-first century.* Cambridge; London: The Belknap Press of Harvard University Press, 2014.

PIVEN, Frances Fox; CLOWARD, Richard A. *Poor People's Movements*: Why They Succeed, How They Fail. New York: Vintage, 1979.

PLEYERS, Geoffrey. *Alter-globalization:* becoming actors in the global age. Cambridge; Malden: Polity, 2010.

POLLETTA, Francesca. *Freedom is an endless meeting:* democracy in American social movements. Chicago; London: University of Chicago Press, 2002.

RILES, Annelise. *The Network Inside Out.* Ann Arbor: University of Michigan Press, 2001.

SAEZ, Emmanuel. "Striking it Richer: The Evolution of Top Incomes in the United States (Updated with 2012 preliminary estimates)". 2013. Disponível em: http://eml.berkeley.edu/~saez/saez-UStopincomes-2012. pdf. Acesso em: 1 fev. 2014.

SCHNEIDER, Nathan. "Why Occupy calls for 'Sunctuary'". *Waging nonviolence:* people-powered news & analysis, 17 dez. 2011. Disponível em: http://wagingnonviolence.org/feature/why-occupy-calls-for-sanctuary/. Acesso em: 24 abr. 2013.

SCHNEIDER, Nathan. *Thank you, anarchy:* notes from the occupy apocalypse. Berkeley & Los Angeles: University of California Press, 2013.

SEIDMAN, Gay W. *Beyond the Boycott:* Labor Rights, Human Rights, and Transnational Activism. New York: Russell Sage Foundation, 2009.

SMITH, Jackie; JURIS, Jeffrey S.; the SOCIAL FORUM RESEARCH COLLECTIVE. "'We are the ones we have been waiting for': the U.S. Social Forum in context.". *Mobilization:* An International Journal, Chapel Hill/ San Diego, v. 13, n. 4, p. 373-394, 2008.

STIGLITZ, Joseph E. *Os exuberantes anos 90:* Uma nova interpretação da década mais próspera da história. São Paulo: Companhia das Letras, 2003.

STUDENTS FOR A DEMOCRATIC SOCIETY. *The Port Huron Statement.* Mimeo, 1962.

TARTELON, John. "Bloombergville Bash". *The Indypendent:* a free paper for a free people, 22 jun. 2011. Disponível em: https://indypendent.org/2011/07/22/bloombergville-bash. Acesso em: 17 jun. 2016.

TAYLOR, Blair. "From alterglobalization to Occupy Wall Street: Neoanarchism and the new spirit of the left". *City:* Analysis of Urban Change, Theory, Action, Oxfordshire, v. 17, n. 6, p. 729-747, 2013a.

TAYLOR, Blair. "Long Shadows of the New Left: From Students for a Democratic Society to Occupy Wall Street". *In:* BIEGER, L.; LAMMERT, C. (ed.). *Revisiting the Sixties:* Interdisciplinary Perspectives on America's Longest Decade. Frankfurt; Nova York: Campus Verlag, 2013b, p. 77-93.

U.S. Bureau of Labor Statistics. *Unemployment in the U.S.* Washington D.C., 5 fev. 2014. Disponível em: http://www.google.com/publicdata/explore?ds=z1ebjpgk2654c1_&hl=en&dl=en#!ctype=l&strail=false&bcs=d&nselm=h&met_y=unemployment_rate&fdim_y=seasonality:S&scale_y=lin&ind_y=false&rdim=country&idim=country:US&ifdim=country&hl=en_US&dl=en&ind=false. Acesso em: 6 abr. 2014.

VOSS, Kim. *The Making of American Exceptionalism:* The Knights of Labor and Class Formation in the Nineteenth Century. Ithaca: Cornell University Press, 1994.

VOSS, Kim; SHERMAN, Rachel. "Breaking the Iron Law of Oligarchy: Union Revitalization in the American Labor Movement". *American Journal of Sociology*, Chicago, v. 106, n. 2, p. 303-349, 2000.

WEBER, Max. "Os três tipos puros de dominação legítima". *In:* WEBER, Max. *Max Weber:* sociologia. São Paulo: Ática, 2003.

WILLIAMS, Dana. "The Anarchist DNA of Occupy". *Contexts*, Washington DC, v. 11, n. 2, 2012. Disponível em: http://contexts.org/articles/spring-2012/understanding-occupy/#williams. Acesso em: 24 abr. 2013.

WOOD, Lesley J. *Direct Action, Deliberation, and Diffusion:* Collective Action after the WTO Protests in Seattle. New York: Cambridge University Press, 2012.

WRITERS FOR THE 99%. *Occupying Wall Street*: The Inside Story of an Action that Changed America. Chicago: Haymarket Books, 2012.

ZOLBERG, Aristide R. "Moments of Madness". *Politics and Society*, Newcastle upon Tyne, n. 2, p. 183-207, 1972.

Anexo I

DECLARAÇÃO DA OCUPAÇÃO

Aprovada por consenso em 29 de setembro de 2011, na Assembleia Geral da Cidade de Nova York na *Liberty Square* Ocupada[45]

Ao nos reunirmos em solidariedade para expressar um sentimento de injustiça generalizada, não devemos perder de vista o que nos uniu. Escrevemos para que as pessoas que se sentem injustiçadas pelas forças corporativas do mundo saibam que somos seus aliados.

Como um povo, unido, reconhecemos a realidade: que o futuro da raça humana requer a cooperação de seus membros; que nosso sistema deve proteger nossos direitos, e quando à corrupção desse sistema, cabe aos indivíduos proteger seus próprios direitos e aqueles de seus vizinhos; que um governo democrático deriva o seu justo poder do povo, mas as corporações não buscam o consentimento para extrair riqueza do povo e da Terra; e que nenhuma democracia verdadeira é atingível quando o processo é determinado pelo poder econômico. Chegamos a você em um momento em que as corporações, que colocam o lucro acima das pessoas, o interesse próprio acima da justiça e a opressão acima da igualdade, dirigem nossos governos. Reunimo-nos pacificamente aqui, como é nosso direito, para que esses fatos sejam conhecidos.

Eles levaram nossas casas através de um processo de execução hipotecária ilegal, apesar de não terem a hipoteca original.

Eles receberam resgates dos contribuintes impunemente e continuam a dar bônus exorbitantes aos executivos.

---

[45] Liberty Square é o nome utilizado por alguns *occupiers* para se referir ao Zuccotti Park.

Eles perpetuaram a desigualdade e a discriminação no local de trabalho com base na idade, cor da pele, sexo, identidade de gênero e orientação sexual.

Eles envenenaram a cadeia de alimentos por negligência e minaram o sistema agrícola por meio de monopolização.

Eles lucraram com a tortura, confinamento e tratamento cruel de incontáveis animais não humanos e escondem ativamente essas práticas.

Eles têm procurado continuamente privar funcionários do direito de negociar melhores salários e condições de trabalho mais seguras.

Eles mantiveram estudantes como reféns com dezenas de milhares de dólares em dívidas com educação, a qual é, por sua vez, um direito humano.

Eles terceirizaram mão-de-obra consistentemente e usaram essa terceirização como arma para reduzir o acesso à saúde e o pagamento dos trabalhadores.

Eles influenciaram os tribunais para obter os mesmos direitos que as pessoas, sem nenhuma culpabilidade ou responsabilidade.

Eles gastaram milhões de dólares em equipes jurídicas que procuram maneiras de tirá-los de contratos relacionados a convênios de saúde.

Eles venderam nossa privacidade como uma mercadoria.

Eles usaram as forças militares e policiais para impedir a liberdade de imprensa.

Eles se recusaram deliberadamente a retirar produtos defeituosos que põem em risco vidas em função da busca do lucro.

Eles determinam a política econômica, apesar dos fracassos catastróficos que suas políticas produziram e continuam a produzir.

Eles doaram grandes somas de dinheiro para políticos que deveriam estar os regulando. Eles continuam a bloquear formas alternativas de energia para nos manter dependentes de petróleo.

Eles continuam a bloquear formas genéricas de medicamentos que podem salvar a vida das pessoas a fim de proteger os investimentos que já geraram um lucro substancial.

Eles encobriram propositalmente vazamentos de óleo, acidentes, contabilidade defeituosa e ingredientes inativos em busca de lucro.

Eles propositalmente mantêm as pessoas mal-informadas e com medo por meio de seu controle da mídia.

Eles aceitaram contratos privados para assassinar prisioneiros mesmo quando apresentados com sérias dúvidas sobre sua culpa.

Eles têm perpetuado o colonialismo internamente e no exterior. Eles participaram em tortura e assassinato de civis inocentes no exterior.

Eles continuam a criar armas de destruição em massa para receber contratos do governo[46].

Para as pessoas do mundo,

Nós, a Assembleia Geral da Cidade de Nova York ocupando Wall Street na Liberty Square, exortamos você a afirmar seu poder.

Exerça o seu direito de se reunir pacificamente; ocupar o espaço público; criar um processo para resolver os problemas que enfrentamos e gerar soluções acessíveis a todos.

A todas as comunidades que agem e se agrupam no espírito da democracia direta, oferecemos apoio, documentação e todos os recursos à disposição.

Junte-se a nós e faça sua voz ser ouvida!

---

[46] Essas queixas não incluem todos e todas.